U0605037

国家电网公司
内部人力资源市场
知识普及读本

国家电网公司　编

中国电力出版社
CHINA ELECTRIC POWER PRESS

图书在版编目（CIP）数据

国家电网公司内部人力资源市场知识普及读本／国家电网
公司编. —北京：中国电力出版社，2017.11（2018.1重印）
ISBN 978-7-5198-1356-7

Ⅰ.①国… Ⅱ.①国… Ⅲ.①电力工业—工业企业管理—
人力资源管理—基本知识—中国 Ⅳ.① F426.61

中国版本图书馆 CIP 数据核字（2017）第 275973 号

出版发行：中国电力出版社
地　　址：北京市东城区北京站西街 19 号（邮政编码 100005）
网　　址：http://www.cepp.sgcc.com.cn
责任编辑：石　雪　陈柯羽
责任校对：郝军燕
装帧设计：锋尚设计
责任印制：单　玲

印　刷：北京瑞禾彩色印刷有限公司
版　次：2017 年 11 月第一版
印　次：2018 年 1 月北京第五次印刷
开　本：787 毫米 ×1092 毫米　16 开本
印　张：10
字　数：156 千字
定　价：42.00 元

编 委 会

主　　任	舒印彪				
副 主 任	寇　伟				
委　　员	辛保安	黄德安	李汝革	王　敏	杨晋柏
	刘广迎	韩　君	刘泽洪	张智刚	吕春泉
	杜宝增	张　宁	冯来法	欧阳昌裕	张　磊
	郑云安	王海啸	姚国平	张成松	李　峰

编 写 组

刘　博	杜　健	刘浩杰	刘昱阳	任　远
齐金昌	陈　琦	刘　严	房　劲	程　翔
冯　冰	张小伟	查显光	刘平震	武　斌
叶常青	刘利平	蔡　磊	雷　静	周　莉
赵东阳	徐　磊	陈铁雷	张克磊	张秀媛
张旭风	刘　俊			

前　言

兴企之要，唯在人才，企业与员工共同发展是公司管理的最终目标之一。近年来，国家电网公司贯彻落实中央决策部署，按照国家清洁、高效、安全、可持续现代能源体系建设思路，着力构建以特高压电网为骨干网架、各级电网协调发展的坚强智能电网，为经济社会快速健康发展提供坚强支撑和电能保障。电网结构形态、装备水平、技术力量的快速发展，以及公司面临的国资国企改革、电力体制改革等形势，都需要更多优秀的人才队伍和更加科学的选人用人机制。

流水不腐，户枢不蠹，人才需要在有序的流动中保持活力和高效。目前，公司人力资源管理中依然存在员工流动困难和退出不畅等问题，影响不容忽视。解决这些问题的关键是要充分发挥内部人力资源市场的竞争性、灵活性和效率性等作用，逐步实现业务发展需求和人员配置相统一，提高人才配置和利用效率，实现员工和企业"双赢"。对员工，重点构建发展平台，建设员工精神家园，通过尊重人、关心人、引导人、激励人，最大限度激发员工潜能和热情。对企业，通过搭建平台、完善制度、强化激励约束等措施，逐步实现管理人员能上能下、员工能进能出、收入能增能减，员工在一线和艰苦边远地区留得下、稳得住、能成才，组织高效运作、公司业绩优秀。

自 2013 年起，公司以"盘活存量、优化配置、集约提效"为目标，经过试点、推广、完善、提升等阶段，形成相对完善的内部人力资源市场运营模式、管理体系和信息平台，于 2015 年印发了《国家电网公司关于全面加强公司内部人力资源市场建设的通知》（国家电网人资〔2015〕193 号）。2016 年，公司多次组织研讨并征求各单位意见和建议，经公司 2017 年规委会、职代会审议通过，印发了《国家电网公司内部人力资源市场管理办法》等 10 项通用制度（国家电网企管〔2017〕124 号）。

为夯实通用制度执行基础，强化内部人力资源市场运营管理制度宣贯，便于各级人力资源管理者领会政策和各项管理要求，相关专业管理者掌握市场运作模式和运营规范，广大员工了解内部市场与自身发展之间的关系，公司人力资源部组织编制了《国家电网公司内部人力资源市场知识普及读本》（简称《知识读本》）和《国家电网公司内部人力资源市场相关文件汇编》（简称《文件汇编》）。

　　《知识读本》共四章：第一章介绍内部人力资源市场建设的背景、意义、目标、导向、历程及内部人力资源市场的主要内容；第二章利用生动的图示，对内部人力资源市场 10 项通用制度的重要概念、核心内容、重要条款等进行解读；第三章以"一问一答"形式，对各单位员工较为关注、涉及员工切身利益的 60 个问题进行解答；第四章展示了 17 家单位在内部人力资源市场管理中的典型经验和先进做法，涉及六种人员流动配置方式、人员退出、退二线管理、转岗培训、复合型人才培养、流动人文关怀、轮岗锻炼、关键岗位交流等。

　　内部人力资源市场建设的核心是构建员工合理流动及规范退出的管理机制。各单位要在内部人力资源市场通用制度基础上，深化内部人力资源市场应用，做好人力资源管理机制创新，激发员工干事创业的激情与活力，为全面建成"一强三优"现代企业并向着具有全球竞争力的世界一流企业加快迈进做出更大贡献。

编者

2017 年 10 月

目 录

第一章

内部人力资源市场概述

- 内部人力资源市场建设
- 内部人力资源市场管理主要内容

第一节
内部人力资源市场建设

一、建设背景及意义

（一）建设背景

市场是社会分工和商品经济发展的必然产物。随着市场的发展，劳动力作为特殊商品也逐渐被纳入市场范畴，并由此产生专门的人力资源市场。目前，国家电网公司应用的人力资源市场主要分为两种：一是利用外部人力资源市场补充新进人员，主要通过公开招聘选拔优秀高校毕业生、高端专业紧缺人才以及接收安置复转军人，为公司发展补充"新鲜血液"。二是通过内部人力资源市场（简称内部市场）优化人员配置。公司系统各单位、部门、班组，由于工作需要，产生不同的人员供给和需求，公司搭建信息公开、双向选择的内部市场运行平台，最大限度发挥自由、竞争的市场属性，促进员工内部流动和优化配置，实现业务发展需求和员工配置相统一。

为适应电网技术水平不断进步和业务集约调整对人员配置优化的新要求，进一步提高用工效率和人力资源集约化管理水平，针对公司人力资源配置中存在的结构性矛盾、人员流动不畅等问题，2013 年，公司党组在工作会议上正式提出构建内部市场，要求大力发展内部市场，优化用工配置，盘活人员存量。

（二）建设意义

1. 适应公司内外部环境变化的需要

当前，世界经济形势复杂多变，我国经济发展进入新常态，国资国企改革和电力体制改革全面深入推进，将对公司管控模式、组织结构及用工策略等产生深远影响。传统人力资源管理方式不适应公司深化"两个转变"，打造"两个一流"的现代企业要求，需要创新内部人力资源优化配置模式，在全公司范围内构建统一规范的人力资源优化配置平台，加快形成市场化用工和薪酬分配机制，真正实现管理人员能上能下、员工能进能出、收入能增能减，以充分调动员工主动性、积极性、创造性，推动人力资源跨地区、跨单位、跨专业的科学合理流动，加快解决用工结构性失衡，切实提高公司核心竞争力。

2. 满足用工效率效益提升的要求

随着电网规模不断扩大，新增业务不断增多，客户服务要求不断提升，人员供需矛盾会更加突出。同时，公司用工配置结构性失衡，内部流动不畅，生产、营销等重要领域和关键岗位的技术骨干不足，艰苦边远和欠发达地区、重点项目人才匮乏等问题，制约公司供电服务效率提升。减少因人员配置不合理、不均衡而带来的用工浪费，降低"人耗"，以盘活存量、挖潜提效、效益提升为核心的人力资源内涵式发展的地位和作用将更加突出。

3. 畅通员工职业发展渠道的新途径

部分企业用工分配管理方面存在的体制机制问题还没有得到根本改变，内部改革不到位，市场化选人用人机制还未真正形成，人员流动及职业发展通道受限，人力资源管理缺乏生机和活力。缺员单位往往地处边远山区，离主城远，条件艰苦，对优秀人才没有足够吸引力，人才流失严重；对超员单位人员流动到缺员单位缺乏足够的动力和机制。这些问题的解决，需要公司不断健全竞争、公平的人才流动机制，强化政策激励、薪酬分配、职业发展等多方面引导，为员工提供不断认识自我、展示自我、完善自我和实现自我的机会与条件，做到人尽其才、才尽其用，为公司跨越式发展提供人才支撑保障。

二、建设目标及导向 ▼

（一）建设目标

建立适应市场竞争的现代企业用工管理制度，构建统一规范、功能完备、流动有序的内部人力资源供需平台，促进公司范围内人力资源高效利用，实现公司范围内人力资源的供需平衡，形成管理人员能上能下、员工能进能出、收入能增能减的管理机制，激发员工工作热情，全面提升组织运行效率和效益。

（二）建设导向

多措并举促流动，提升用工效率。建立流动积分等激励机制，让参与流动的员工能得到更多精神和物质激励，提高员工流动的积极性；减少各种流动障碍，取消流动年龄限制条件，取消岗位竞聘报名需要原单位审批等环节，促进员工高效快速流动。

保障业务需要，支撑公司发展。鼓励员工向缺员单位、缺员岗位、欠发达地区流动，通过薪酬激励等方式调动员工主动性、积极性、创造性，促进人员跨地区、跨单位、跨专业的科学合理流动，解决单位间、专业间、地区间配置不均，生产、营销等重要领域和关键岗位的技术骨干不足，以及艰苦边远和欠发达地区、重点项目人才匮乏等问题，促进公司健康发展。

注重工作绩效，强化激励奖惩。内部市场员工流动与绩效等级积分挂钩，绩效等级优秀的，在员工流动、个人发展中优先考虑；达到特定绩效条件的，方可参与岗位竞聘、挂职（岗）锻炼、正式借调和员工申请调动；绩效结果不能满足工作要求的，要降岗、待岗，直至解除劳动合同。

规范用工秩序，积极压降人耗。强化"不劳动不取酬"理念，清理规范长期不在岗人员，不再新增内部退养、停薪留职、长学等各类人员，退二线严格控制在特定范围内，不得扩大退二线范围或变相退二线，最大程度减少各项特殊待遇。

三、建设历程

公司内部市场建设按照"典型试点—全面建设—深化应用—完善提升—常态运营"的工作思路，稳步推进各项重点工作，统筹开展公司范围内人员优化配置，形成统一规范、目标明确、功能完备、流动有序的内部市场。内部市场建设发展历程如图 1-1 所示。

2013 年，公司统筹考虑区域、业务、超缺员等情况，选取华北、西北片区 11

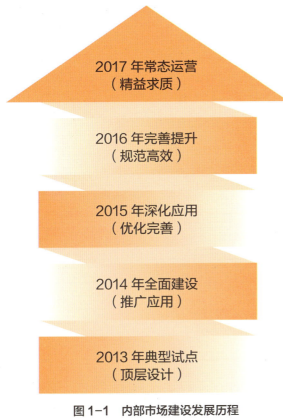

图 1-1　内部市场建设发展历程

家省公司进行跨单位试点，选取国网江苏、重庆、辽宁电力及南瑞集团等 8 家单位进行内部试点，形成内部市场组织运行基本格局。

2014 年，在总结试点经验基础上，全面推广建设内部市场，进一步完善市场运行管理机制，建立健全配套保障制度，优化信息平台功能，制定 10 项配套管理制度，构建考评激励体系，形成公司范围内横向流动、纵向畅通的内部市场，实现人力资源市场化统筹配置。

2015 年，全面深化内部市场建设，落实内部市场建设的总体思路和阶段目标，制订全口径用工管控计划，引入运营监测看板，建立常态运行和监控机制。首次组织 76 人

到蒙东、甘肃、青海、新疆开展东西人才帮扶。

2016 年，充分总结内部市场运行经验，制定 10 项通用制度，进一步规范管理流程，规范列支渠道，统一各类补贴标准，建立流动积分和考评激励长效机制。首次组织 196 人，开展针对西藏 50 个代管县公司的对口帮扶。在援帮扶人员总量达415 人，超过"十二五"期间帮扶人员人数总和。

2017 年，印发并全面贯彻落实内部市场 10 项通用制度，编制《国家电网公司内部人力资源市场知识普及读本》和《国家电网公司内部人力资源市场相关文件汇编》，逐级宣传内部市场制度到每名员工。开展积分和省公司层面集中待岗培训机制试点，全面清理规范不在岗人员，优化各层级内部市场看板运行指标，制定劳动合同管理办法和规范文本，提升公司人力资源管控水平。

内部市场建设年度重点工作如图 1-2 所示。

内部人力资源市场概述

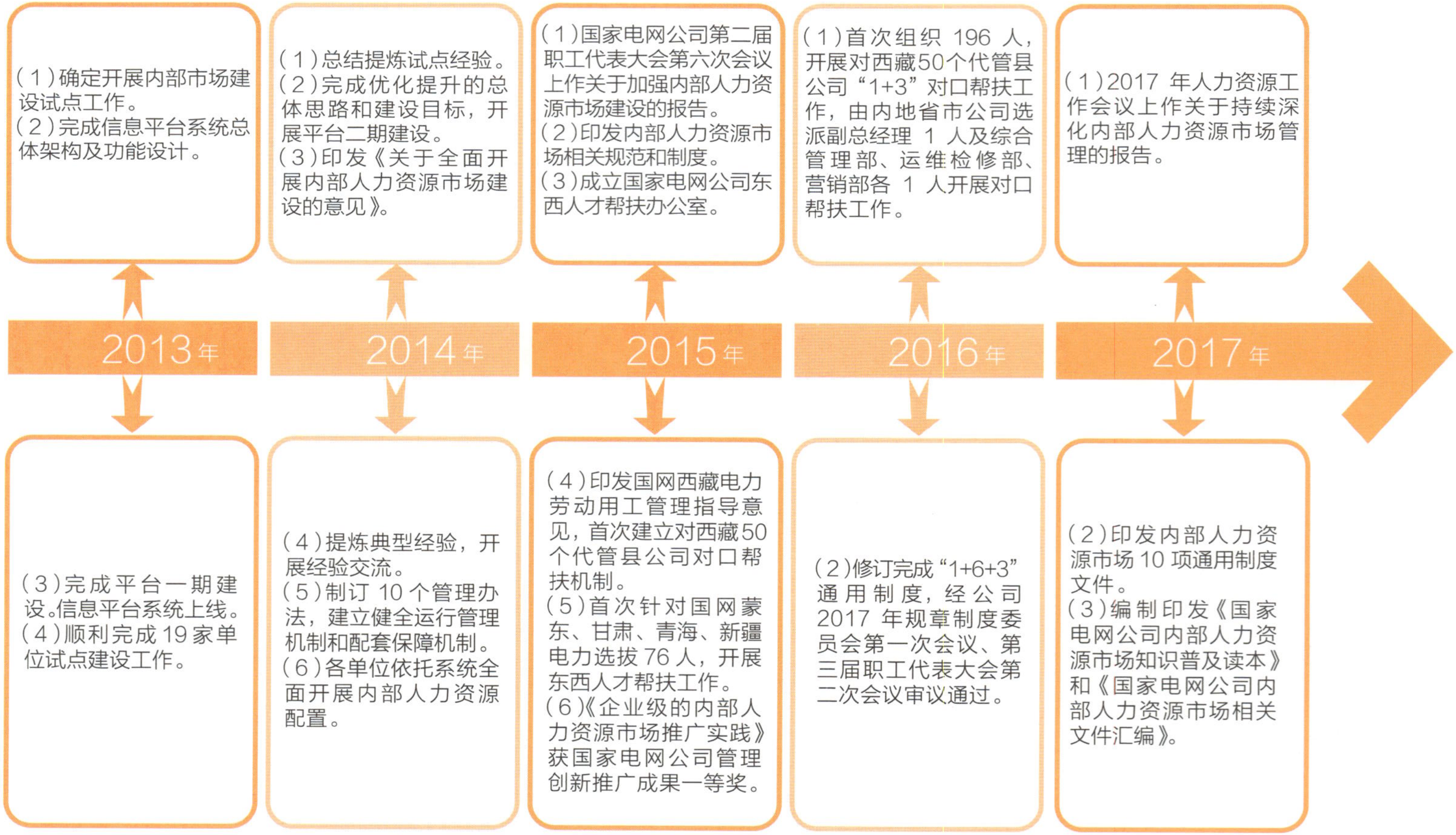

2013 年

（1）确定开展内部市场建设试点工作。
（2）完成信息平台系统总体架构设计及功能设计。

（3）完成平台一期建设，信息平台系统上线。
（4）顺利完成19家单位试点建设工作。

2014 年

（1）总结提炼试点经验。
（2）完成优化提升的总体思路和建设目标，开展平台二期建设。
（3）印发《关于人力资源市场建设的意见》。

（4）提炼典型经验，开展经验交流。
（5）制订10个管理办法，建立健全运行管理机制和配套保障机制。
（6）各单位依托系统全面开展内部人力资源配置。

2015 年

（1）国家电网公司第二届职工代表大会第六次会议上听取关于加强内部人力资源市场建设的报告。
（2）印发内部人力资源市场相关规范和制度。
（3）成立国家电网公司东西人才帮扶办公室。

（4）印发国网西藏电力劳动用工管理指导意见，首次建立对西藏50个代管县公司对口帮扶机制。
（5）首次针对国网蒙东、甘肃、青海、新疆电力选拔76人，开展东西人才帮扶工作。
（6）《企业级的内部人力资源市场推广实践》获国家电网公司内部人力资源市场管理创新推广成果一等奖。

2016 年

（1）首次组织196人，开展对西藏50个代管县公司"1+3"对口帮扶工作，由内地省市公司选派副总经理1人及综合管理部、运维检修部、营销部各1人开展对口帮扶工作。

（2）修订完成"1+6+3"通用制度，经公司第三届职工代表大会第一次会议、第二次会议审议通过。

2017 年

（1）2017年人力资源工作会议上听取关于内部人力资源市场深化的报告。

（2）印发内部人力资源市场10项通用制度文件。
（3）编制印发《国家电网公司内部人力资源市场知识普及读本》和《国家电网公司内部人力资源市场相关文件汇编》。

图1-2 内部市场建设年度重点工作

第二节
内部人力资源市场管理主要内容

公司内部市场管理作为一项系统工程，紧紧围绕盘活人员存量、搭建运行平台、健全激励约束机制、强化专业协同等核心内容，构建多维度、多专业、多层级、协同推进的员工流动和退出管理体系。

一、科学盘活人员存量，提升人员配置效率

适应科技进步需求。针对无人值班改造、运维一体化、调控一体化、远程集中抄表等新情况，组织有关人员培训合格后充实到特高压、智能电网、新能源等新业务或缺员岗位。

适应业务调整需求。针对电力体制改革和售电市场竞争新环境，按照业务职责调整、管理流程重建或优化、大客户营销服务强化等需要，实施人员精准流动配置，鼓励到乡镇供电所、艰苦边远地区工作。

适应规范用工需求。结合集体企业改革发展和规范管理需要，组织回归主业职工进行转岗、适岗培训，优先配置到缺员岗位。在缺员单位推广非核心业务外包，超员单位加快推进长期职工置换主营业务核心岗位其他用工。严格执行考核降岗、待岗、解除合同、退休、退二线等政策，加强绩效考核、薪酬分配、用工规范等工作联动，畅通员工出口。

适应艰苦地区帮扶需求。在公司系统内，组织开展东西人才帮扶，加大对蒙东、甘肃、青海、新疆、西藏等艰苦边远地区帮扶力度。在各级单位内部，加强激励考核，鼓励向艰苦山区、部分艰苦专业、边远供电所等人员流动，缓解用工紧缺。

二、搭建运营平台，提高管理效率

完善通用制度管理体系。创新管理体系，制定发布内部市场 10 项通用制度，建立"1+6+3"制度体系。**制定 1 个总体办法，**明确内部市场的管理目标、管理职责、配置方式、运营管理、考核激励等。**规范 6 种配置方式：**岗位竞聘，通过公开选拔方式解决管理、技术、重要技能岗位缺员问题；挂职（岗）锻炼，定期选派优秀人才到新的职务（岗位）进行实践锻炼，拓展人才培养通道；人才帮扶，选派专家人才，通过输出管理经验和先进技术，支持和帮助受援单位提升管理水平，加快人才培养，重点解决艰苦边远、欠发达地区人才短缺问题；劳务协作，针对低端业务、一线技能岗位用工需求，利用地域相邻或忙闲错峰，通过劳务输出或业务委托实现人员补充；人员借用，主要满足临时性、阶段性紧急工作任务用工需求；组织调配，按组织人事权限和程序进行人员调动，满足各单位工作需要和员工个人意愿。**完善 3 个专项规定：**员工退出制度，重点加强降岗、待岗、解除或终止劳动合同、退二线等规范管理；转岗培训制度，针对员工适应新岗位需求进行技能、工艺、标准、制度等培训；激励考核制度，通过制度规范、固化内部市场激励约束机制。

建立信息系统管理平台。按照"统筹设计、系统规范、持续优化"原则，形成覆盖公司各层级的内部市场信息系统管理平台。通过信息平台，实时分析各单位、部门、专业、岗位超缺员情况，为人员科学配置、有序流动提供决策依据；开展供需审批、信息发布、人员筛选、录用审批等全过程管控，体现内部市场供需信息公开、流动双向选择的市场属性；实时监控人员流量、流向，为开展用工管理提供实时信息数据。

三、健全激励约束体系，激发员工队伍活力

加强单位激励。定期发布效率效益、用工总量、配置优化、基础信息等运行看板指标，健全市场运行看板机制。加强单位考核，对各单位总量控制、计划执行、配置成效、制度落实等情况进行评价，与企业负责人薪酬、同业对标结果挂钩，促进各单位主动加压，减少用工，降低"人耗"。

加强员工激励。确定多维激励体系：物质激励，对于跨单位异地人才帮扶、挂职锻炼、劳务协作人员，统一规范生活补助、防寒装备、节假日慰问等费用；荣誉激励，根据工作成效，每年评选一定数量的先进个人，给予荣誉奖励；积分激励，建立内部市场跨单位异地流动积分奖励机制，与岗位薪点工资制度挂钩；职业生涯发展激励，各单位职务晋升、职员评选或岗位竞聘时，同等条件下优先录用。

四、实现专业横向协同，充分发挥管理合力 ▼

与劳动定员贯通。通过以定员为基础的超缺员分析结果，指导人员流动方向及用工优化策略。

与绩效管理贯通。一方面，遵循"谁用人、谁考核"的原则，明确挂职锻炼、人才帮扶、人员借用期间相关人员由接收单位进行绩效考核和分级（占接收单位人员基数）。另一方面，规定内部市场流动绩效等级要求，参与岗位竞聘、挂岗锻炼、正式借调和员工申请调动的人员，近 3 年绩效等级积分累计达到 4.5 分且上年绩效等级达到 B 及以上；年度绩效等级为 D 且上年度为 C 的员工要纳入考核降岗管理；连续 2 个年度绩效等级为 D 的员工要纳入待岗管理。

与薪酬保障贯通。经组织安排到异地的挂职锻炼、人才帮扶、劳务协作、人员借用人员，可获得内部市场流动积分，与岗位薪点工资挂钩联动。安排到异地的挂职锻炼、人才帮扶、劳务协作人员，还可享受一次性防寒装备费、生活补助费、节假日慰问费。

与人才培养贯通。绩效表现优秀的，在职务（职级）晋升、职员评选或岗位竞聘时，同等条件下优先录用。

第二章

内部人力资源市场通用制度核心内容解读

第一节
内部人力资源市场管理办法核心内容解读

1. 各级人力资源管理部门、专业管理部门职责（见图2-1）

公司人力资源部 →
★ 制定公司内部市场管理制度，协调解决内部市场建设运营中的突出问题。
★ 建设、维护、完善公司内部市场信息平台。
★ 组织实施跨单位管理、技术和技能岗位人才帮扶；负责公司系统内员工跨单位调入省公司、省公司所属非在京单位员工调入在京单位、公司系统外人员调入省公司的审批等具体工作。
★ 指导、监督、考核公司系统单位内部市场的建设运营。

公司党组组织部（人事董事部） →
★ 组织实施总（分）部岗位竞聘工作；组织实施直属单位员工跨单位岗位竞聘工作。
★ 组织实施总（分）部挂职、挂岗锻炼工作；组织实施直属单位员工跨单位挂职、挂岗锻炼工作。
★ 总（分）部及直属单位人员借用审批，以及公司系统员工借用到中央国家机关、各部委的审批。
★ 公司系统内员工调入总（分）部和直属单位、直属单位所属非在京单位员工调入在京单位、公司系统外人员调入总（分）部和直属单位的审批。

省公司和直属单位人力资源管理部门 →
★ 贯彻执行公司内部市场管理制度和各项管理要求，制定落实措施。
★ 组织开展本单位内部市场的建设运营，制定实施方案或差异条款。
★ 协调解决本单位内部市场建设运营中的重大事项和突出问题。
★ 指导、监督、考核所属单位的内部市场建设运营。

各级人力资源管理部门 →
★ 贯彻落实上级单位内部市场管理的有关规定、工作要求和计划指标。
★ 做好人力资源供需分析，制定实施方案，开展人员优化配置和依法依规退出。
★ 负责内部市场建设运营等其他工作。

各级专业管理部门 →
★ 提出专业用工需求和配置优化方案，开展配置效果分析和评估。
★ 配合人力资源管理部门开展专业人员配置，为内部市场建设运营提供专业支撑。
★ 组织开展专业人员培训，做好专业人才储备。

图2-1 各级人力资源管理部门、专业管理部门职责概览

2. "1+6+3" 通用制度结构（见图 2-2）

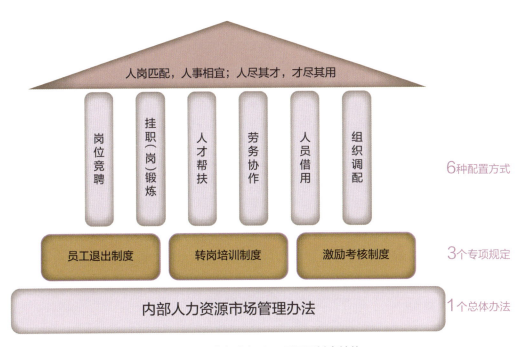

人岗匹配，人事相宜；人尽其才，才尽其用

岗位竞聘　挂职（岗）锻炼　人才帮扶　劳务协作　人员借用　组织调配　　6种配置方式

员工退出制度　转岗培训制度　激励考核制度　　3个专项规定

内部人力资源市场管理办法　　1个总体办法

图 2-2　内部市场 10 项通用制度结构

3. 配置方式的要点和差异

按人员流动性质划分，采用岗位竞聘、组织调配方式的员工，人事、工资关系相应调整，称为"硬流动"；采用挂职锻炼、人才帮扶、劳务协作、人员借用方式的员工，人事、工资关系不随工作岗位或职责变动而调整，称为"软流动"。

不同配置方式对员工的工作经历、绩效水平、技能等级、学历、职称等具有不同要求，如表 2-1 所示。

表 2-1		六种配置方式基本要求
配置方式	要点	参与人员的学历、绩效水平和工作经历要求
岗位竞聘	公开竞聘选拔人	（1）原则上具备本科（班组长为专科）及以上学历。 （2）近 3 年绩效等级积分累计达到 4.5 分且上年绩效等级达到 B 及以上。 （3）非管理、技术类岗位的员工竞聘管理、技术类岗位的，在生产一线岗位工作年限应满足"3、5、8"要求*

配置方式	要点	参与人员的学历、绩效水平和工作经历要求
挂职（岗）锻炼	岗位锻炼培养人	（1）本科及以上学历。 （2）近3年绩效等级积分累计达到4.5分且上年绩效等级达到B及以上。 （3）到管理、技术岗位挂职锻炼的，在生产一线岗位工作年限应满足"3、5、8"要求
人才帮扶	依托专家人才的管理或技术帮扶	（1）管理、技术岗位，原则上应具有大学本科及以上学历，中级及以上专业技术资格，在相同或相近专业岗位工作满3年。 （2）技能岗位，原则上应具有大学专科及以上学历或高级工及以上职业资格，在相同或相近专业岗位工作满2年
劳务协作	劳务输出助力项目实施	由劳务输入单位提出岗位任职要求
人员借用	临时性、阶段性人员补充	（1）正式借调人员应具备：①全日制大学本科及以上学历；②近3年绩效等级积分累计达到4.5分且上年绩效达到B及以上；③在生产一线岗位工作年限满足"3、5、8"要求。 （2）临时借用至管理和技术岗位人员，在生产一线岗位工作年限应满足"3、5、8"要求
组织调配	组织行为的人员配置	（1）调配至管理、技术岗位：①原则上应具有大学本科及以上学历；②非管理、技术类岗位的员工调配至管理、技术类岗位的，在生产一线岗位工作年限应满足"3、5、8"要求；③调配至公司各单位本部岗位的，原则上还应同时具备：全日制本科及以上学历；中级及以上专业技术资格；在基层单位相同或相近专业岗位工作满3年。 （2）调配至班组长等重要技能岗位：①原则上应具有大专及以上学历；②专业技术或职业资格符合岗位任职要求

　　*"3、5、8"要求指自2010年1月1日起新入职员工，在一线岗位工作时间博士研究生不少于1年，硕士研究生不少于3年，本科生不少于5年，专科及以下不少于8年，非工学专业员工可根据工作需要和学历层次缩短1~2年。

4. 内部市场运行的关键环节

内部市场运行主要包括供需盘点、供需申请、信息发布、人员筛选和录用审批等关键环节，如图2-3所示。

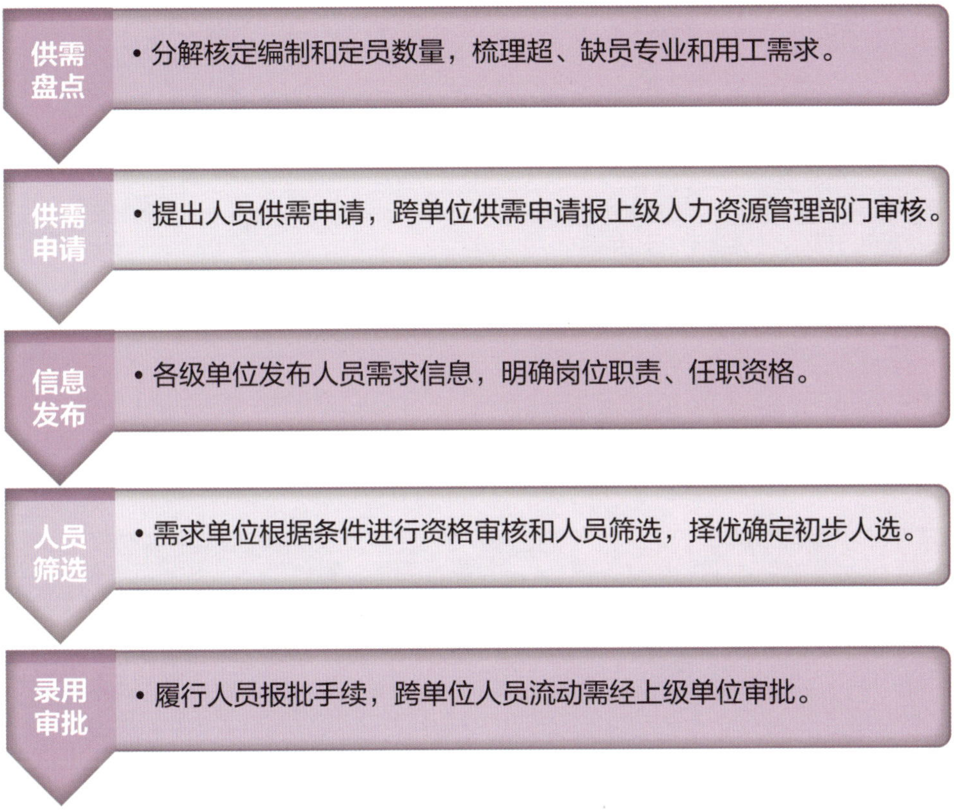

供需盘点	• 分解核定编制和定员数量，梳理超、缺员专业和用工需求。
供需申请	• 提出人员供需申请，跨单位供需申请报上级人力资源管理部门审核。
信息发布	• 各级单位发布人员需求信息，明确岗位职责、任职资格。
人员筛选	• 需求单位根据条件进行资格审核和人员筛选，择优确定初步人选。
录用审批	• 履行人员报批手续，跨单位人员流动需经上级单位审批。

图2-3　内部市场运行关键环节

5. 内部市场人员流动导向

人员流动遵循"先内部优化、后跨单位配置"的原则，鼓励员工向缺员单位、缺员岗位、欠发达地区流动，逐步激活地市、县公司之间人员交流。超员单位要加强超编人员转岗、适岗培训，充实一线缺员岗位。

6. 员工流动的一线岗位工作年限要求

员工通过岗位竞聘、挂职锻炼、人员借用、组织调配等配置到管理或技术岗位的，其生产一线岗位工作年限应满足"3、5、8"要求，如图2-4所示。

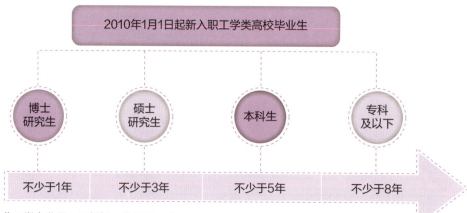

非工学专业员工可根据工作需要和学历层次缩短1~2年。博士研究生由各单位根据鉴定结果自行确定，原则上不少于1年。

图2-4　员工流动的一线岗位工作年限要求

7. 两个维度的考核激励内容（见表2-2）

表2-2　　　　　　　　　　两个维度的考核激励内容

维度	内容
单位	（1）建立内部市场运行看板，定期展示各单位效率效益提升、用工总量、配置优化等指标。 （2）每年进行考评，评价结果纳入企业负责人业绩考核（同业对标）管理
员工	（1）对通过内部市场流动到各类艰苦边远、欠发达地区员工实施流动积分奖励。 （2）对经组织安排到异地的挂职（岗）锻炼、人才帮扶、劳务协作的员工，发放生活补助费、节日慰问费、伙食补助费、一次性防寒装备费等。 （3）对各类配置方式中绩效表现优秀的员工，在职务（职级）晋升、职员评选或岗位竞聘时，同等条件下优先录用。 （4）对绩效考评结果较差的员工纳入降岗、待岗管理，特别差的员工解除劳动合同

8. "软流动"人员绩效考评方式

按照"谁用人、谁考核"的原则，对参与挂职（岗）锻炼、人才帮扶、人员借用等配置方式的员工，由实际用人管理单位出具考评意见并反馈至派出单位，占接收单位人员基数。劳务协作人员考核评价由派出单位负责。

第二节
岗位竞聘管理规定核心内容解读

1. 概念

岗位竞聘是指对空缺或新增岗位通过"公开招聘、竞争上岗"方式进行人员补充,主要解决管理、技术、重要技能岗位人员需求问题。

2. 特点(见图2-5)

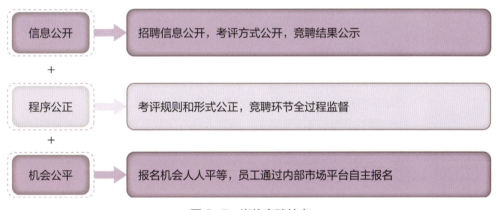

图2-5　岗位竞聘特点

3. 适用范围(见图2-6)

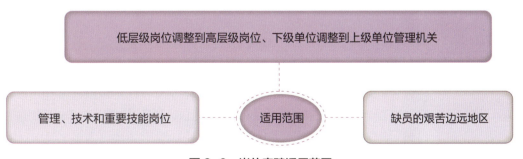

图2-6　岗位竞聘适用范围

　　注　缺员的艰苦边远地区(西藏和国家规定的四、五、六类地区)可面向公司系统公开招聘,不需要报公司审批。竞聘结束报公司备案后,按组织调配程序审批。

4. 岗位竞聘报名资格及条件（见图 2-7）

基本条件

一线工作年限

非管理、技术类岗位的员工竞聘管理、技术类岗位的，在生产一线岗位工作年限应满足"3、5、8"要求。

绩效的要求

员工近3年绩效等级积分累计达到4.5分且上年绩效等级达到B及以上（绩效评价未满3年的，上年度绩效等级达到B及以上）。

任职资格

管理、技术岗位

（1）原则上具备本科及以上学历，专业技术资格或职业资格应符合应聘岗位任职资格要求，艰苦边远、欠发达地区可适当放宽。

（2）竞聘各单位本部岗位的，原则上还应同时具备全日制本科及以上学历，中级及以上专业技术资格，在基层单位相同或相近专业岗位工作满 3 年，艰苦边远、欠发达地区可适当放宽。

重要技能岗位

班组长等重要技能岗位，原则上应具备大专及以上学历，专业技术资格或职业资格应符合应聘岗位任职资格要求，艰苦边远、欠发达地区可适当放宽。

优先条件

优先条件

近 3 年绩效等级积分累计达到 5.5 分，或有 2 年及以上班组长、供电所核心岗位工作经历，或参加挂职锻炼、人才帮扶、劳务协作期间工作表现优秀的员工，在岗位竞聘时同等条件下优先聘用。

图 2-7　岗位竞聘报名资格及条件

5. 岗位竞聘发起流程（见图 2-8）

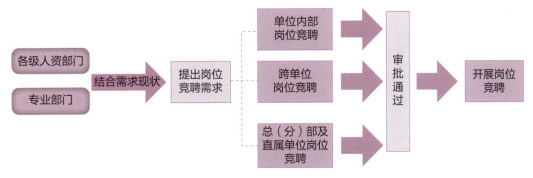

图 2-8　岗位竞聘发起流程

6. 竞聘考评注意事项

（1）**竞聘考评内容**。可采取笔试、面试、技能考核、工作业绩评价和岗位胜任能力测试等多种考评方法，综合评价应聘者的经历、业绩、能力素质等。管理、技术岗位考评侧重综合管理水平、理论素养及解决实际问题能力等；技能岗位考评侧重实操能力等。

（2）**核实人员信息**。跨单位岗位竞聘确定拟聘人选前，招聘单位应向拟聘人选所在单位征求意见，并核实出生时间、学历、专业技术资格、绩效、工作履历等信息，应聘者及所在单位对上述信息真实性负有责任，如不实将取消录用资格，并追究个人及单位的责任。

（3）**岗位竞聘公示**。招聘单位依据竞聘考评成绩，经组织考察合格后，择优确定拟聘人选，履行报批程序，并公示 5 个工作日。公示联系人一般为纪委监察部门，公示期间，纪委监察部门根据电话或信件反馈的情况，判断招聘过程是否存在违纪行为，出具意见书。招聘部门根据纪委监察部门反馈的意见书，结合岗位竞聘有关规定，做出相应处理。

7. 岗位聘用

首次竞聘到管理、技术和重要技能岗位的，低层级岗位竞聘到高层级岗位的，下级单位竞聘到上级单位管理机关的，须进行试岗；其他情形可直接调动或变动岗位。试岗期一般为 6 个月。试岗期内，员工人事、工资关系可转至试岗单位，绩效由试岗单位考核评价。试岗期满考核评价不合格者，退回原单位。

第三节
挂职（岗）锻炼管理规定核心内容解读

1. 概念

挂职（岗）锻炼（简称挂职锻炼）是指企业为培养选拔优秀人才、提高管理水平和业务能力，结合优秀人才培养计划，统一组织选派具备较强专业素质、综合能力和发展潜力的后备干部、优秀人才和业务骨干，在一定时期内到管理机关、基层单位任职或重点岗位进行实践锻炼。

2. 特点

（1）挂职锻炼具有很强的计划性，需上级单位结合优秀人才培养计划，择优选派具备较强专业素质、综合能力和发展潜力的后备干部、优秀人才和业务骨干前往挂职。

（2）管理机关和基层单位人员双向挂职。

（3）通过挂用结合的方式，开阔挂职人员视野、增长见识，提高挂职人员经受复杂环境考验、完成急难险重任务的能力，达到锻炼干部和提高企业管理水平的目的。

3. 基本条件

（1）思想政治素质好，身体健康。

（2）具有本科及以上学历，艰苦边远、欠发达地区可适当放宽。

（3）具备相同或相近岗位 2 年及以上工作经历，近 3 年绩效等级积分累计达到4.5 分且上年绩效达到 B 及以上。

（4）到管理、技术岗位挂职锻炼的，在生产一线岗位工作年限应满足"3、5、8"要求。

4. 工作期限

挂职锻炼期限一般为连续 6 个月以上、1 年以内；特殊情况不超过 2 年。

5. 工作程序（见图2-9）

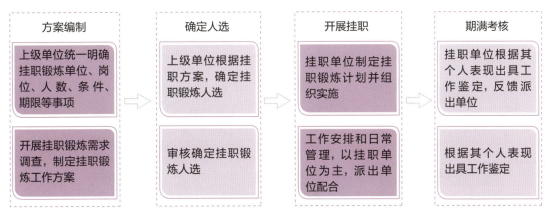

图 2-9　挂职锻炼工作流程

6. 劳动关系（见图2-10）

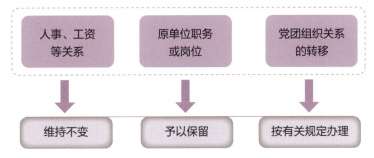

图 2-10　挂职锻炼人员劳动关系

7. 日常管理

挂职锻炼人员的工作安排、日常管理和考核评价，以挂职单位为主、派出单位配合。挂职人员应遵守挂职单位的规章制度。

8. 待遇标准

各级单位应将员工挂职锻炼期间的表现作为绩效考核、人才选拔、晋升竞聘、评优评先、考察使用的重要依据。员工挂职锻炼期满后，派出单位根据其表现情况做好工作安排。表现优秀人员参加岗位竞聘时，同等条件下优先录用。

经组织安排到异地的挂职锻炼人员相关待遇如图 2-11 所示。一次性防寒装备费、生活补助费、节假日慰问费、伙食补助费，以及交通费、住宿费、公杂费、劳保费用和因公出差、培训等费用按公司及内部市场激励考核管理相关规定执行；异地挂职锻炼享有国家法律和挂职单位所在地政策规定的假期，包括法定节假日、探亲假及年休假等；享受流动积分奖励等。

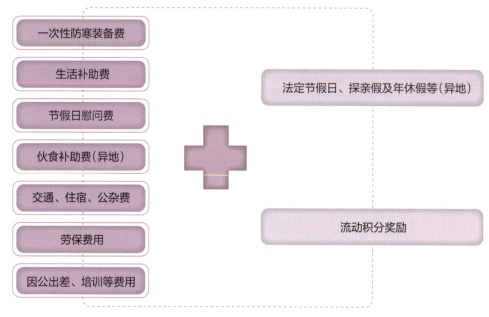

图 2-11 经组织安排到异地的挂职锻炼人员相关待遇

第四节
人才帮扶管理规定核心内容解读

1. 概念

人才帮扶是指针对艰苦边远、欠发达地区重点项目、特殊任务、经营管理和生产一线岗位，选派专家人才，通过输出管理经验和先进技术，支持和帮助受援单位提升管理水平，加快人才培养。

公司东西人才帮扶主要指公司层面组织的对国网蒙东、甘肃、青海、新疆、西藏电力等省（自治区）公司的人才帮扶。

2. 特点

（1）人才帮扶意在帮助、扶持，通过输出人才帮助和扶持受援单位。

（2）人才帮扶可促进相关单位和员工的共同发展，受援单位可以获得管理经验和先进技术，补充人才短缺；派援单位能够以帮促培，加快人才培养；帮扶人员可全面提升个人能力素质。

（3）人才帮扶工作具有较强的计划性和指令性，由各级人力资源管理部门根据职责权限统一组织开展。

3. 基本条件（见图2-12）

图 2-12　人才帮扶基本条件

4. 工作期限（见图2-13）

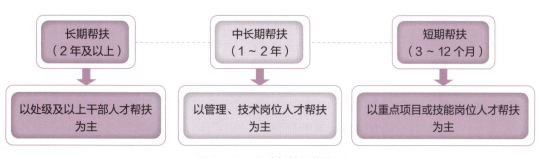

图 2-13　人才帮扶工作期限

5. 工作程序（见图 2-14）

需求申请

各级单位人力资源管理部门会同相关专业部门，结合本单位实际工作需要和人力资源配置现状，确定人才帮扶需求岗位。

需求审批

各级单位内部的人才帮扶需求经本单位内部决策程序审核同意后执行，跨单位的人才帮扶需求经上级人力资源管理部门审批同意后执行。

发布信息

各级受援单位通过内部市场信息平台，统一发布人才帮扶需求信息，明确帮扶岗位名称、岗位职责、任职条件、需求人数和帮扶期限等内容。

帮扶报名

有意向进行人才帮扶的人员根据帮扶条件，填写相关材料报送至本单位人力资源管理部门，并在内部市场信息平台完成报名工作。申请跨单位帮扶的须经本单位审核同意。

资格审核

各级派援单位根据帮扶岗位职责和任职条件，开展报名人员的资格审核工作。

确定人选

各级派援单位根据帮扶岗位职责、任职条件及报名人员条件、经历业绩、体检结果等，择优确定帮扶人选。跨单位人才帮扶应由派援单位上报审批表至上级人力资源管理部门进行审批。

办理手续

受援单位、派援单位和帮扶人员签订三方协议，办理相关手续。

图 2-14 人才帮扶工作程序

6. 日常管理（见图 2-15）

三方协议	帮扶双方单位及帮扶人员签订人才帮扶三方协议书，明确工作范围、起止时间、工作职责、考核评价标准等相关内容。

劳动关系	帮扶期间，帮扶人员的人事、工资等关系维持不变，原单位职务、岗位等予以保留，党团组织关系的转移按有关规定办理。

管理主体	帮扶人员的工作安排和日常管理，以受援单位为主，派援单位配合。

绩效管理	帮扶人员在受援单位参加绩效考核，考核结果由受援单位反馈派援单位兑现。东西人才帮扶人员考核结果由受援省公司人力资源管理部门审核汇总，报东西人才帮扶办复审后通知派援单位。

勤假管理	帮扶人员因个人原因请假离开受援单位超过 5 个工作日的，受援单位须报上级人力资源管理部门备案，东西人才帮扶人员须同时报东西人才帮扶办备案。

人员替换	帮扶人员因身体原因需终止帮扶的，由本人提出申请，出具医院证明，帮扶双方单位同意，终止其帮扶任务，并由受援单位报上级人力资源管理部门备案。同时，派援单位应根据帮扶工作情况，及时选派替换人员赴受援单位开展工作。

考核鉴定	帮扶期满，由受援单位填写考核鉴定表，对帮扶人员出具工作鉴定意见并反馈至派援单位，存入人事档案，同时报上级人力资源管理部门备案。

表彰奖励	帮扶期满，公司及各单位按照公司表彰奖励工作相关办法和公司年度表彰奖励项目计划安排，组织开展帮扶工作先进集体和先进个人评选表彰工作。

结果应用	各单位应把员工帮扶期间的表现作为绩效考核、人才选拔、晋升竞聘、评优评先、考察使用等重要依据，表现优秀人员同等条件下优先考虑。

图 2-15　人才帮扶日常管理

7. 相关待遇（见图 2-16）

一次性防寒装备费、生活补助费、节假日慰问费、伙食补助费，以及交通费、住宿费、公杂费、劳保费用和因公出差、培训等费用按公司及内部人力资源市场激励考核管理相关规定执行。请病假、事假或探亲假期间不享受生活补助费。	异地帮扶人员享有国家法律和受援单位所在地政策规定的假期，包括法定节假日、探亲假及年休假等，同一类假期休假时间按照就高原则确定，休假期间薪酬发放标准按照派援单位有关规定执行。	帮扶人员发生工伤等意外情况时，受援单位应当及时救治，相关事宜由派援、受援单位依据国家相关规定协同办理。	员工异地帮扶的，可按公司内部市场激励考核管理相关规定进行流动积分。
相关费用	**假期**	**意外情况**	**流动积分**

图 2-16 人才帮扶相关待遇

第五节
劳务协作管理规定核心内容解读

1. 概念

劳务协作是指针对低端业务、一线技能岗位用工需求，利用地域相邻或忙闲错峰，通过劳务输出或业务委托实现人员补充。

劳务协作可分为跨省、跨地市、跨县间三个层级，如图 2-17 所示。

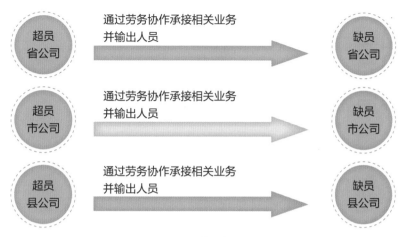

图2-17 劳务协作实施层级

2. 实施条件

作为跨单位实施的工作或项目，原则上劳务协作人员输出单位为超员单位，劳务协作人员输入单位为缺员单位，劳务协作人数不超过输入单位的缺员人数。

3. 劳务协作协议内容

劳务协作协议内容包括协作业务、起止时间、协作人员、工作评价标准、协作费用结算、安全责任。

4. 结算方式

各单位所属分公司之间的劳务协作，采取内部人工成本模拟结算方式实施。涉及子公司的劳务协作，采取业务委托方式实施。

5. 工作期限

劳务协作人员工作期限以完成双方所约定的工作任务为准，一般不超过2年。协作期间，协作人员如需变更，应重新履行人员审批手续。协作期满，协作人员应及时返回输出单位，确因工作需要延长协作期限的，应重新签订劳务协作协议。

6. 劳务协作人员劳动关系

劳务协作期间，协作人员的人事、工资等关系维持不变，原单位职务或岗位等予以保留，党团组织关系的转移按有关规定办理。

7. 日常管理

劳务协作人员的工作安排、日常管理和考核评价由输出单位负责，协作人员应遵守输入单位的规章制度。

第六节
人员借用管理规定核心内容解读

1. 概念

人员借用包含正式借调和临时借用两种方式。正式借调是指因部门缺编，借用人员到相应岗位工作，经过考察合格，可办理正式调入手续的方式；临时借用是指因临时性、阶段性紧急任务（项目）工作需要，或在岗人员离岗 3 个月以上影响正常工作，且内部无法调剂，借用人员到相应岗位工作的配置方式。

2. 特点

（1）**正式借调具有针对性**。在使用范围上，正式借调仅限公司总（分）部和直属单位使用，各省公司及其所属公司均不能使用。

（2）**临时借用具有辅助性**。临时借用作为缓解用工需求的一种临时手段，有着严格的使用条件，如借用数量、借用时间、人员基本条件等，各单位不应将其当作一种主要的人员配置方式进行操作。

3. 适用范围（见图 2-18）

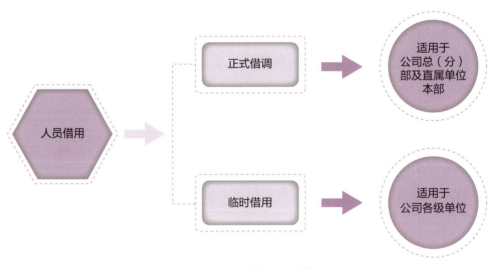

图 2-18　人员借用适用范围

4. 使用条件（见表 2-3）

表 2-3　　　　　　　　　　　人员借用两种方式使用条件

使用条件	正式借调	临时借用
使用单位	仅公司总（分）部及直属单位本部使用	各单位
使用数量	不得超过空缺编制的 30%	原则上应有空缺编制，且总量不得超过借用部门缺编编制数
人员条件	全日制大学本科及以上学历	—
工作年限	生产一线岗位工作年限应满足"3、5、8"要求	借用至管理、技术岗位人员，生产一线岗位工作年限应满足"3、5、8"要求
绩效等级	近 3 年绩效等级积分累计达到 4.5 分且上年绩效达到 B 及以上的	—
办理次数	原则上一年集中办理不超过 2 次	根据实际需要办理

5. 使用期限

正式借调期限一般为 6 个月，最长不超过 1 年，期满后不能延期使用，应根据借用期间表现情况做出是否正式调动的决定。

临时借用期限一般不超过 6 个月，累计不超过 1 年。借用到系统外单位的，累计不得超过 2 年。

6. 主要流程（见图 2-19、图 2-20）

业务部门向人资部门提出正式借调书面申请。

人力资源管理部门根据借调条件进行审核，跨单位借调的还需书面征询被借用单位意见。

须本单位主要负责人批准同意；跨单位正式借调的，经借出单位书面同意后需报公司组织部（人事部）审核。

为正式借调人员办理正式借调手续，开展工作，并注意进行考核考察。

业务部门 提出申请	人力资源管理 部门审核	单位负责人 批准	办理正式 借调手续

图 2-19　正式借调流程

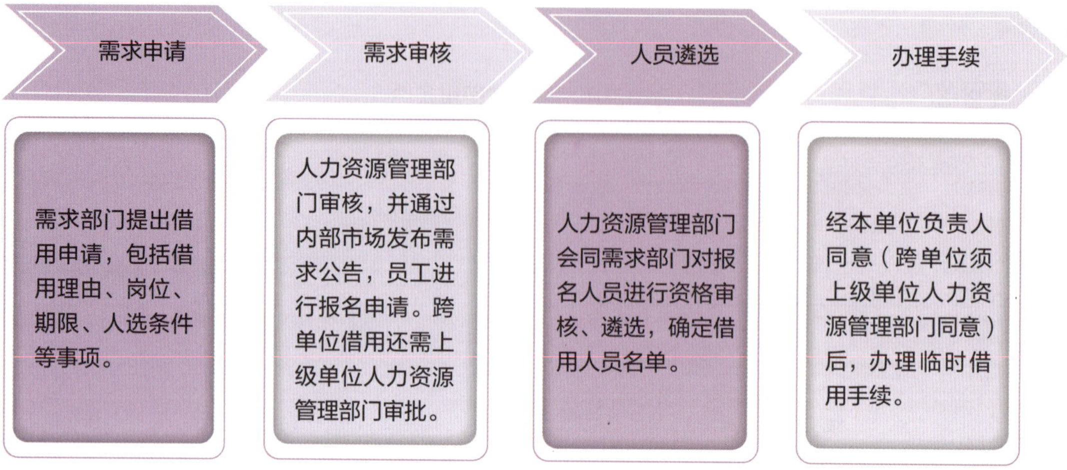

需求申请	需求审核	人员遴选	办理手续
需求部门提出借用申请，包括借用理由、岗位、期限、人选条件等事项。	人力资源管理部门审核，并通过内部市场发布需求公告，员工进行报名申请。跨单位借用还需上级单位人力资源管理部门审批。	人力资源管理部门会同需求部门对报名人员进行资格审核、遴选，确定借用人员名单。	经本单位负责人同意（跨单位须上级单位人力资源管理部门同意）后，办理临时借用手续。

图 2-20　临时借用流程

7. 操作要点（见表 2-4）

表 2-4　　　　　　　　　　人员借用两种方式操作要点

序号		正式借调	临时借用
1	报名审批环节	须本单位主要负责人同意，跨单位借调还需书面征询借出单位意见并报公司组织部（人事部）审批	根据系统公告，符合条件人员可以自主报名
2	借用期间	正式借调不得随意终止，确需终止的，需借调部门或者借调人员提出书面申请并报人力资源管理部门核准	临时工作完成或期限已到即可终止
3	借用期满	根据借调人员的工作表现情况，表现优秀的，履行审批程序后办理正式调动	立即返回借出单位，并由借用单位出具工作鉴定，反馈借出单位，存入个人档案，借用人员借用期满后 5 个工作日内须办妥工作交接、资料移交、返还办公设备等手续
4	系统外借用		各单位原则上不得从系统外单位借用人员。因工作需要，公司系统员工需借用到系统外单位的，由借出单位报各单位人力资源管理部门审批后，借出单位按照批复意见办理借用手续。借用到省级政府部门的，须报公司人资部备案；借用到中央国家机关、各部委的，须逐级报送至公司组织部（人事部）审批

8. 日常管理（见图 2-21）

工资、人事等关系	维持不变，原单位职务、岗位等予以保留，党团组织关系的转移按有关规定办理。
薪酬绩效	薪酬由借出单位发放，并在借用单位参加绩效考核，考核结果由借用单位反馈借出单位。
津补贴管理	借用人员伙食补助费、交通费、住宿费、公杂费、劳保费用和因公出差、培训等费用按公司及内部市场激励考核管理相关规定执行。
勤假管理	借用人员享有国家法律和借用单位所在地政府规定的假期，包括法定节假日、探亲假及年休假，休假期间薪酬发放标准按照借出单位有关规定执行。

图 2-21 人员借用日常管理

第七节
组织调配管理规定核心内容解读

1. 概念

组织调配是指根据工作需要或员工个人意愿，按组织人事权限和程序，调整员工的工作单位、职务、岗位或隶属关系的人事变动。组织调配包括因工作需要由单位组织的人事调配和员工个人申请的人事调配。

2. 特点

（1）单位组织的人事调配以业务需求为导向，指令性强，程序相对简洁高效。

（2）个人申请的人事调配综合考虑员工需求和工作需要，鼓励支援艰苦边远地区建设。

3. 审批权限（见图2-22）

公司人资部审核批复
1. 公司系统内跨单位调入省公司的
2. 国网冀北电力非在京单位调入在京单位的
3. 公司系统外人员调入省公司的

公司组织部（人事部）审核批复
1. 公司系统内调入总（分）部和直属单位的
2. 直属单位所属非在京单位调入在京单位的
3. 公司系统外调入总（分）部和直属单位的

图2-22　组织调配审批权限

4. 基本条件（见图2-23）

调配至管理、技术岗位	（1）原则上应具备本科及以上学历，专业技术或职业资格应符合岗位任职资格要求，调配至艰苦边远、欠发达地区的可适当放宽。 （2）非管理、技术类岗位的员工调配至管理、技术类岗位的，在生产一线岗位工作年限应满足"3、5、8"要求。 （3）调配至各单位本部岗位的，原则上还应同时具备全日制本科及以上学历，中级及以上专业技术资格，在基层单位相同或相近专业岗位工作满3年，艰苦边远、欠发达地区可适当放宽。
调配至班组长等重要技能岗位	原则上应具备大专及以上学历，专业技术或职业资格应符合岗位任职资格要求，艰苦边远、欠发达地区可适当放宽。

图2-23　组织调配基本条件

5. 单位组织的人事调配相关规定

（1）单位组织的人事调配适用于三种情形：员工"软流动"期满，经接收单位考核评价为合格的人员；组织机构、业务及供电区域调整，人员需同步调整或划转；其他因工作需要由单位组织的人事调配。

（2）操作流程，如图2-24所示。

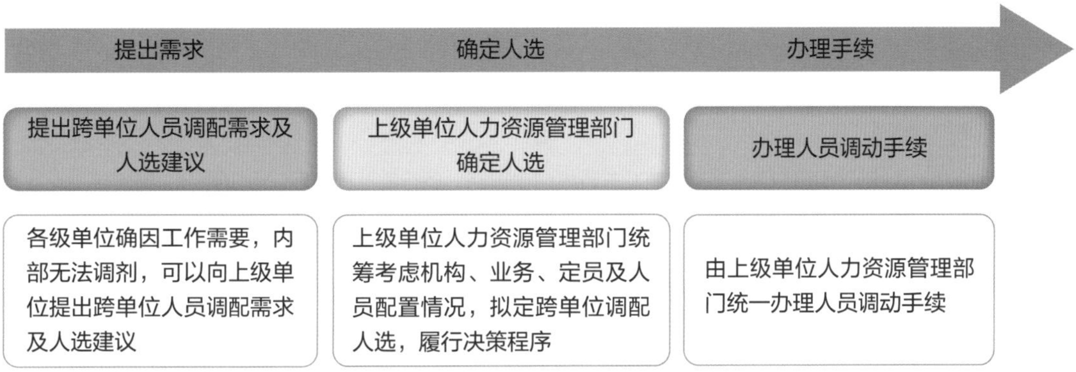

提出需求	确定人选	办理手续
提出跨单位人员调配需求及人选建议	上级单位人力资源管理部门确定人选	办理人员调动手续
各级单位确因工作需要，内部无法调剂，可以向上级单位提出跨单位人员调配需求及人选建议	上级单位人力资源管理部门统筹考虑机构、业务、定员及人员配置情况，拟定跨单位调配人选，履行决策程序	由上级单位人力资源管理部门统一办理人员调动手续

图2-24　单位组织的人事调配操作流程

6. 员工个人申请的人事调配相关规定

（1）申请条件，如图2-25所示。

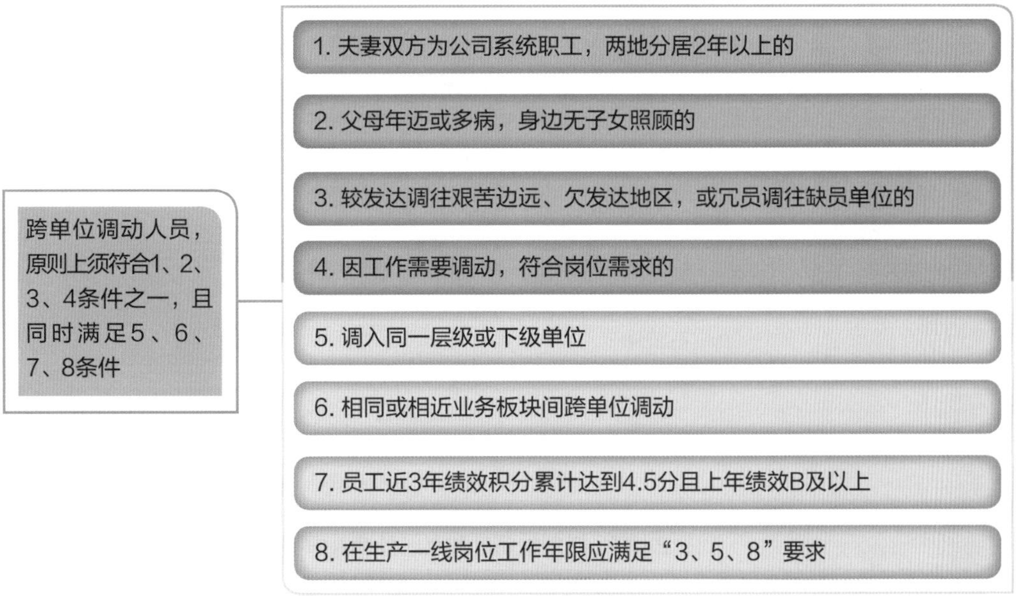

跨单位调动人员，原则上须符合1、2、3、4条件之一，且同时满足5、6、7、8条件

1. 夫妻双方为公司系统职工，两地分居2年以上的

2. 父母年迈或多病，身边无子女照顾的

3. 较发达调往艰苦边远、欠发达地区，或冗员调往缺员单位的

4. 因工作需要调动，符合岗位需求的

5. 调入同一层级或下级单位

6. 相同或相近业务板块间跨单位调动

7. 员工近3年绩效积分累计达到4.5分且上年绩效B及以上

8. 在生产一线岗位工作年限应满足"3、5、8"要求

图2-25　员工申请调动的条件

（2）审批流程，如图 2–26 所示。

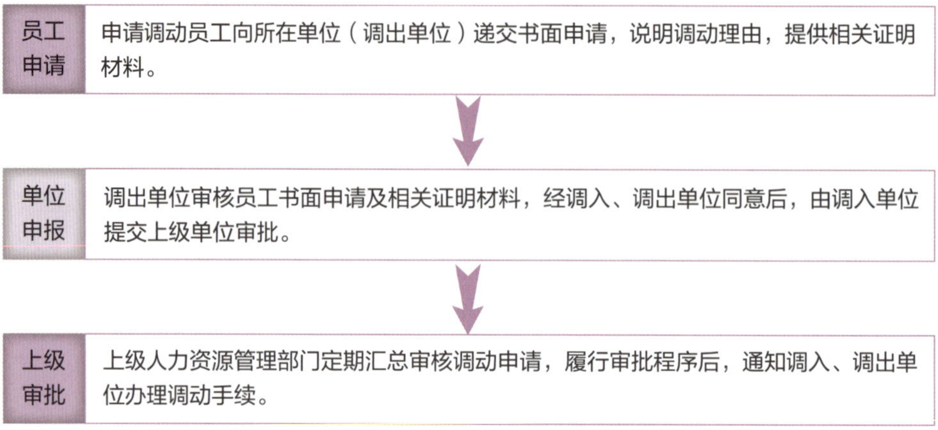

员工申请
申请调动员工向所在单位（调出单位）递交书面申请，说明调动理由，提供相关证明材料。
单位申报
调出单位审核员工书面申请及相关证明材料，经调入、调出单位同意后，由调入单位提交上级单位审批。
上级审批
上级人力资源管理部门定期汇总审核调动申请，履行审批程序后，通知调入、调出单位办理调动手续。

图 2–26　员工申请调动的审批流程

（3）申报材料，如图 2–27 所示。跨单位调动和系统外调入均由调入单位提交相关材料，其中系统外调入采用一事一议方式。

调动申报材料
跨单位调动申报材料
1 跨单位人员调动申请报告
2 跨单位人员调动审批表
3 人员信息表
4 跨单位调动人员基本情况汇总表
系统外调入申报材料
1 系统外人员调入申请报告
2 系统外人员调入审批表
3 人员信息表
4 系统外调入人员基本情况汇总表

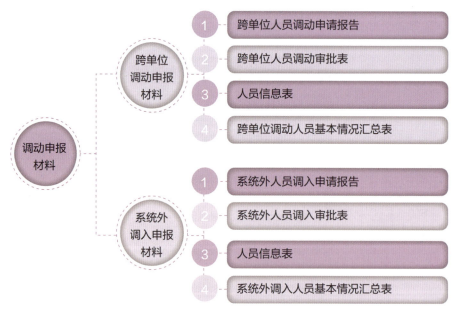

图 2–27　跨单位调动和系统外调入申报材料

（4）审批要求。受记过及以上纪律处分的，以及受记过以下纪律处分且在处分期内的不得办理跨单位调动。员工申请的跨单位调动原则上只能办理一次。员工跨单位调动原则上每年集中办理 1 ～ 2 次，由上级人力资源管理部门审核调配申请，经批复后办理调动手续。

7. 日常管理（见图 2-28）

ERP系统操作：
调出单位一般应于文件下发之日起5个工作日内发起。

人事关系转移：
调入、调出单位按程序移交组织、人事、工资、社保关系和档案，办理劳动合同终止和改签。

办理工作交接：
员工应按规定办理工作交接，在规定时间内到新单位报到。

驻外人员管理：
按照公司驻外人员管理办法有关规定执行。

图 2-28　组织调配的日常管理

第八节
员工退出管理规定核心内容解读

1. 概念

员工退出是指员工因个人或单位原因调整岗位（职位）、退出岗位、退出单位的情形，包括退二线、考核降岗、待岗、解除劳动合同、终止劳动合同、退休等。

2. 退二线

退二线是指公司各单位管理的处级、科级领导干部按规定退出现任岗位，聘任为正（副）处级调研员、正（副）科级协理员的情形。副局级及以上干部退二线按照公司干部管理相关规定执行。

（1）任职年龄和要求，如图 2-29 所示。

图 2-29　退二线任职年龄和要求

注　退二线年龄认定以档案确定的年龄为准。对退休年龄有地方特殊规定的西藏、新疆、青海及四川甘孜、阿坝、凉山等少数民族地区，可按照员工的退休时间确定退二线年龄。

（2）组织实施。各级单位每年 11 月拟定次年科级干部退二线计划，报上级人力资源管理部门审核备案后执行；处级干部退二线由各单位人力资源管理部门组织实施。公司各分部退二线由其人力资源管理部门组织实施。

（3）主要职责，如图 2-30 所示。

图 2-30　退二线人员主要职责

（4）工作管理，如图 2-31 所示。

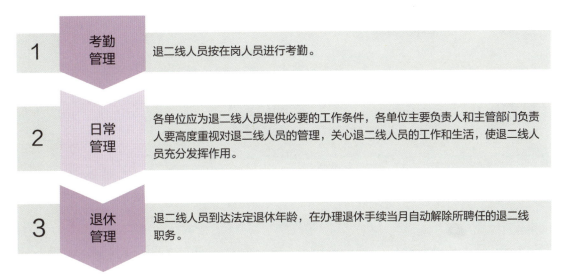

图 2-31　退二线人员工作管理

3. 考核降岗

考核降岗是指根据员工工作胜任能力和绩效考评结果，将员工调整至较低岗级岗位或现岗位降低岗级使用的情形。

（1）考核降岗条件，如图 2-32 所示。

图 2-32　考核降岗条件

（2）考核降岗人员的后续管理，如图 2-33 所示。

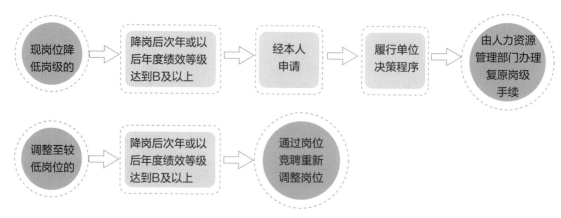

图 2-33　考核降岗人员的后续管理

4. 待岗

待岗是指员工由于个人或组织原因，经所在单位批准，退出工作岗位参加学习培训的情形。

（1）纳入待岗条件，如图 2-34 所示。

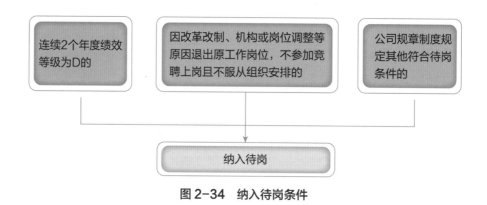

图 2-34　纳入待岗条件

（2）待岗人员管理，如图 2-35 所示。待岗期即是学习培训期，待岗人员应当遵守本单位的各项规章制度和劳动纪律，按照在岗人员同等考勤。各单位通过内部市场加强缺员岗位信息的统计和发布，待岗人员通过内部市场选择合适岗位。

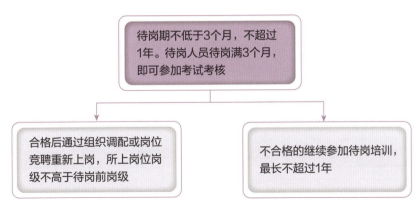

图 2-35　待岗人员管理

5. 解除劳动合同

解除劳动合同是指劳动关系双方依据《中华人民共和国劳动合同法》（简称《劳动合同法》），提前终止劳动合同的法律效力，解除双方的权利义务关系，包括员工提出解除劳动合同和所在单位提出解除劳动合同两种形式，解除条件分别如图 2-36、图 2-37 所示。

1　员工与所在单位协商一致的

2　所在单位未按照劳动合同约定提供劳动保护或者劳动条件的

3　所在单位未及时足额支付劳动报酬的

4　所在单位未依法为员工缴纳社会保险费的

5　所在单位的规章制度违反法律、法规的规定，损害员工权益的

6　所在单位以欺诈、胁迫的手段或者乘人之危，使员工在违背真实意思的情况下订立或者变更劳动合同的

7　所在单位在劳动合同中免除自己的法定责任、排除员工权利的

8　所在单位以暴力、威胁或者非法限制人身自由的手段强迫员工劳动的

9　所在单位违章指挥、强令冒险作业危及员工人身安全的

10　法律、行政法规规定员工可以解除劳动合同的其他情形

图 2-36　员工可以与所在单位解除劳动合同的条件

1	连续旷工15天及以上的，或1年内累计旷工30天及以上的
2	本人提出脱产参加学历教育或出国留学的
3	办理停薪留职或长学人员，由所在的单位通知其回本单位工作，在30日内未返回的
4	待岗员工待岗期内不按单位规定参加待岗学习培训或待岗期满学习培训考试不合格的
5	待岗员工待岗学习培训考试合格后重新上岗，当年绩效等级仍为D的
6	企业规章制度规定或劳动合同约定的其他解除劳动合同情形的

图 2-37　所在单位应与员工解除劳动合同的情形

6. 终止劳动合同

终止劳动合同是指员工与所在单位的劳动合同期满或双方约定的劳动合同终止条件出现，劳动合同即行终止（不含退休）。员工与所在单位终止劳动合同的情形，如图 2-38 所示。

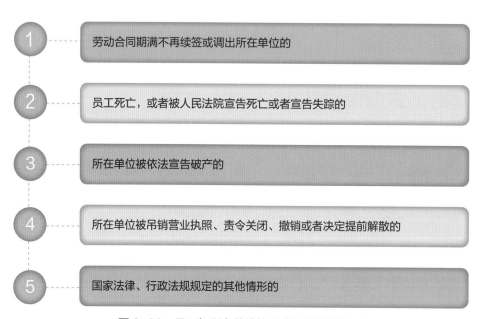

图 2-38　员工与所在单位终止劳动合同的情形

1　劳动合同期满不再续签或调出所在单位的

2　员工死亡，或者被人民法院宣告死亡或者宣告失踪的

3　所在单位被依法宣告破产的

4　所在单位被吊销营业执照、责令关闭、撤销或者决定提前解散的

5　国家法律、行政法规规定的其他情形的

7. 退休

退休是指按照国家及地方相关法律法规规定，对满足退休条件的员工，办理退休手续，终止劳动关系。依据国家和地方政府相关规定，符合提前退休条件的人员可申请提前退休。

各单位应统一明确特殊工种、女职工岗位变动等影响员工退休的特殊事项。

8. 其他规定

各单位应按照国家法律法规及公司政策规定，对现有不在岗人员进行清理规范，不得新增内部退养、停薪留职、长学等各类人员。本规定实施前办理内部退养的，维持原管理模式不变，待遇标准继续按各单位原规定和内部退养协议执行。

第九节
转岗培训管理规定核心内容解读

1. 概念

转岗培训是指由于各种方式的员工流动造成员工岗位发生变动，为适应变动后的岗位需求进行的针对性培训。

2. 转岗培训对象

转岗培训对象包括以下三种：工作岗位、工作内容、工作环境发生重大变化的员工；未达到岗位能力、绩效要求的员工；待岗拟重新上岗的员工。对需要转岗但岗位能力素质较高的员工，经岗位能力测评合格者，可不再安排转岗培训。

3. 重点工作

无论何种原因的转岗培训，都应基于员工即将到任的岗位，因此，在开展员工转岗培训工作之前，应首先确定员工的转岗目标。员工转岗，应优先安排转向一线缺员岗位。对跨单位转岗的人员，充分考虑本人发展潜质、能力特长等，兼顾个人意愿，确定拟转目标岗位。

各类流动方式培训重点如图 2–39 所示。

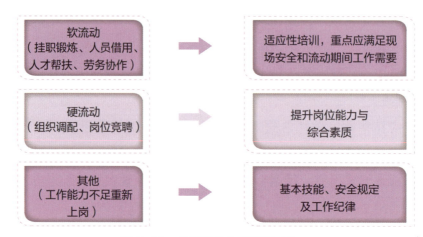

图 2-39　各类流动方式培训重点

4. 注意事项

（1）有针对性地编制培训计划。转岗人员要对照查找自己所欠缺知识、能力差距，提出培训需求，各单位统筹安排转岗培训内容、培训方式、培训时间、承办单位和培训地点等，分类编制转岗培训计划。

（2）合理选择培训时间和培训方式（见图 2–40）。转岗培训采取集中培训和岗位见习相结合的方式进行。对在岗位类别中类及以上之间转岗的，采取集中培训和岗位见习相结合形式。

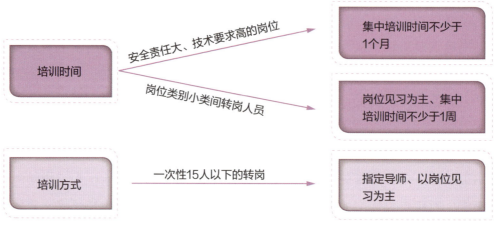

图 2-40　转岗培训时间和方式

（3）**不同岗位转岗培训重点不同。**管理技术类转岗培训重点为：管理模式、岗位职责、业务流程、制度标准、规程规范、管理技能和专业知识等；技能类转岗培训重点为：突出标准化作业和实际操作能力培训，加强公司安全工作规定、企业文化、员工奖惩等有关内容的学习。

（4）**转岗培训的内容应体现岗位特点。**转岗培训要注意员工现有能力水平。各级业务部门应根据每位转岗人员与拟转目标岗位的能力差距，以达到目标岗位能力、业绩要求为目标，根据每个岗位类别共性、兼顾每位转岗人员个性差异，设计具有针对性的培训方案。

（5）**转岗培训要有效与内部市场运行对接。**要做到与年度内部市场各类人员流动方案同规划、同部署、同实施、同监督、同检查，按规定申请落实培训经费。

5. 监督与考核要求（见图 2-41）

纪律要求

严格执行公司培训管理有关规定，明确任务，落实责任，严格落实公司"七不一禁"要求。

对各单位的考核

公司总部负责对省公司转岗培训工作进行考核，省公司负责对地市公司（专业公司）和培训机构转岗培训工作进行考核。转岗培训工作效果纳入各级单位人力资源工作考核范围，每年考核一次。

对各级培训机构的考核

考核重点为各级培训机构转岗培训工作相关制度执行情况、培训师队伍建设、培训项目管理、培训效果等，考核结果纳入各级单位教育培训工作考核范围，每年考核一次。

对参培人员的考核

员工参加转岗培训结束后，由本单位人力资源管理部门会同专业部门对转岗人员的岗位能力进行考核，考核重点为岗位能力、业绩要求，考核方式包括闭卷考试和实际操作，考核合格后方可办理上岗手续。

对考核不合格人员的处理

第一轮培训考核不合格的，参加下一轮培训；连续两轮培训考试仍不合格的，应重新设定目标岗位，考核仍不合格的，次月起待岗。

图 2-41 转岗培训监督与考核要求

第十节
内部人力资源市场激励考核管理规定核心内容解读

1. 意义

通过内部市场评价与激励，激发公司系统各单位及广大员工参与内部市场优化配置的积极性，促进公司范围内人力资源的优化配置与高效利用。

激励主体包括员工和单位。

2. 员工激励管理内容（见表2-5）

表2-5　　　　　　　　6种配置方式员工激励管理主要内容

配置方式	激励项目	备注
经组织安排到异地的挂职锻炼、人才帮扶、劳务协作	一次性防寒装备费	由派出单位发放，从劳动保护费列支
	生活补助费	由派出单位发放，从工资总额列支
	节假日慰问费	从工会经费列支
	伙食补助费	由派出单位支付
	交通费	由派出单位报销
	公杂费	由派出单位报销；统一安排住宿的，不再报销公杂费
	住宿费	异地帮扶人员原则上由接收单位安排住宿或报销住宿费；挂职锻炼、劳务协作人员原则上由派出单位安排住宿或报销住宿费
	劳保费用	接收单位根据岗位要求和标准提供劳动保护用品
	流动积分	由各单位人力资源管理部门统一认定管理

配置方式	激励项目	备注
经组织安排到异地的人员借用	交通费	由派出单位报销
	公杂费	由派出单位报销；统一安排住宿的，不再报销公杂费
	劳保费用	接收单位根据岗位要求和标准提供劳动保护用品
	伙食补助费	由派出单位支付
	住宿费	异地借用人员原则上由接收单位安排住宿或报销住宿费
	流动积分	由各单位人力资源管理部门统一认定管理
岗位竞聘、组织调配	交通费	首次从派出单位到接收单位时所发生的费用，按照公司差旅费管理办法规定标准，由接收单位报销
	公杂费	
	伙食补助费	

注　1. 经组织安排到海外长期工作的，按照公司驻外人员管理办法薪酬福利待遇有关标准执行。
　　2. 住宿费报销标准执行公司差旅费管理办法有关规定，原则上应选择公司系统内招待所、宾馆住宿。
　　3. 以上激励均限于经组织安排到异地的相关人员。

3. 关于异地的界定

具备下列情形之一的原则上属于异地，具体由人员流动组织单位根据实际情况具体确定。

（1）县级及以上行政区域之间，一般不包括同一市公司范围内不同城区之间。

（2）在同一市公司范围内距离较远区县之间流动，正常工作日上下班难以实现家庭与单位之间往返的，可以视同异地。

（3）同一县公司到内部边远供电所、有人值班变电站（含集中监控站点）、抽水蓄能电站、生物发电站等单位（班组），正常工作日难以实现在家庭与单位之间往返上下班的，可以视同异地。

4. 流动人员假期规定

挂职锻炼、人才帮扶、人员借用、劳务协作人员享有国家法律和接收单位所在

内部人力资源市场通用制度核心内容解读

45

地政策规定的假期，包括法定节假日、探亲假及年休假等，同一类假期休假时间按照就高原则确定，休假期间薪酬发放标准按照派出单位有关规定执行。

5. 流动人员绩效考核

挂职锻炼、人才帮扶、人员借用期间，按照"谁用人、谁考核"的原则，由接收单位进行绩效考核和分级（占接收单位人员基数），考核结果（不占派出单位人员基数）定期反馈派出单位进行应用。劳务协作人员考核评价由派出单位负责。

6. 积分激励

（1）积分计算。流动积分 = 基础积分 × 地区系数 × 时间系数。尾数不足 0.1 分的，计 0.1 分。期限不足 3 个月的，不计流动积分。组织调配和岗位竞聘不积分。四种软流动方式基础积分和积分系数如表 2-6 所示。

表 2-6　　　　　　　　　　四种软流动方式基础积分和积分系数

流动方式	基础积分	地区系数（流入地区）															时间系数
		公司范围内流动										跨国流动		各单位范围内流动			
		西藏一类藏区	西藏二类藏区	西藏三类藏区	西藏四类藏区	艰苦边远一类地区	艰苦边远二类地区	艰苦边远三类地区	艰苦边远四类地区	艰苦边远五类地区	艰苦边远六类地区	一类地区跨国流动	二类地区跨国流动	非艰苦边远和发达地区	欠发达一类地区	欠发达二类地区	
人才帮扶	1.3	1.4	1.6	1.8	2.0	0.8	0.9	1	1.1	1.3	1.6	0.8	1.0	0.6	0.8	0.9	满1年，时间系数为1.0，超出1年或不足1年的，按照实际月份折算
劳务协作	1.2	1.4	1.6	1.8	2.0	0.8	0.9	1	1.1	1.3	1.6	0.8	1.0	0.6	0.8	0.9	
挂职锻炼	1.1	1.4	1.6	1.8	2.0	0.8	0.9	1	1.1	1.3	1.6	0.8	1.0	0.6	0.8	0.9	
人员借用	0.7	1.4	1.6	1.8	2.0	0.8	0.9	1	1.1	1.3	1.6	0.8	1.0	0.6	0.8	0.9	

注　1. 四类藏区按照藏政发〔1982〕69 号文件确定；其他六类艰苦边远地区按照国人部发〔2006〕61 号文件确定。设置地区系数时，二类藏区和艰苦边远地区六类地区的地区系数相同。
　　2. 积分按照流入所在地区的地区系数计算。
　　3. 一类跨国流动，泛指欧洲、北美、亚洲、大洋洲；二类跨国流动泛指南美、非洲；可根据具体国家情况进行适当调整。
　　4. 各单位可按照海拔高、水域广、气候差、经济落后、交通困难、地广人稀、缺员严重、队伍老化、重要程度等因素判定国家规定范围以外的欠发达地区。

（2）积分应用，如图 2-42 所示。

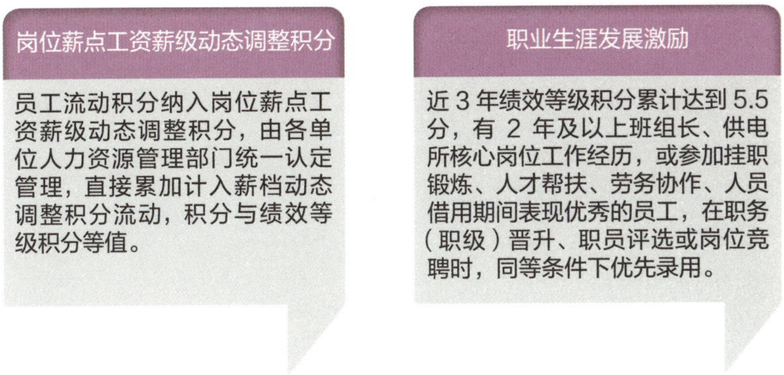

岗位薪点工资薪级动态调整积分	职业生涯发展激励
员工流动积分纳入岗位薪点工资薪级动态调整积分，由各单位人力资源管理部门统一认定管理，直接累加计入薪档动态调整积分流动，积分与绩效等级积分等值。	近 3 年绩效等级积分累计达到 5.5 分，有 2 年及以上班组长、供电所核心岗位工作经历，或参加挂职锻炼、人才帮扶、劳务协作、人员借用期间表现优秀的员工，在职务（职级）晋升、职员评选或岗位竞聘时，同等条件下优先录用。

图 2-42　员工流动积分应用

7. 单位工作评价管理

（1）内部市场运行看板。主要包括效率效益、用工总量、配置优化、基础信息四类指标。定期发布，结果不排名，鼓励各单位通过数据对比找差距，提升管理水平。

（2）内部市场考核评价。按年度进行，重点考核评价用工总量控制、专项计划执行、配置成效、制度落实等内容，由上级人力资源管理部门考核评价并发布结果。年度考核评价结果纳入企业负责人业绩考核（同业对标）指标管理。

第三章

常见问题解答

- 综合问题
- 专项问题

第一节
综合问题

1. 内部市场 10 项通用制度执行时是否可以设置过渡期，如考核降岗、内退、退二线、岗位竞聘基本条件应用等？

答：2017 年 2 月，公司印发了《国家电网公司内部人力资源市场管理办法》（国家电网企管〔2017〕124 号）等 10 项通用制度，该制度是在 2015 年 2 月印发的《国家电网公司关于全面加强公司内部人力资源市场建设的通知》（国家电网人资〔2015〕193 号）基础上进一步修改完善后形成的，要求自 2017 年 3 月 15 日起施行。制度实施后，各单位不能再办理内退和科级以下人员退二线等，2017 年考核降岗、待岗工作依据 2015 年、2016 年年度绩效等级开展，以后年度以此类推，不设置过渡期。

2. 执行内部市场制度时，各单位是否可以结合本单位实际制定差异条款？主要原则是什么？

答：根据公司通用制度管理要求，各单位可在通用制度基础上，结合实际制定差异条款，履行公司审批程序后实施。

编制审核差异条款的主要原则包括：①对于制度核心内容有重要改变的原则上不同意，如希望增加对岗位竞聘报名审核、增加竞聘的年龄要求、放开内退、调整退二线年龄等。②涉及流程细化、权限明确、决策程序明确的原则上同意，但不用作为差异条款，可在履行内部决策程序后，通过操作说明、实施方案（如岗位竞聘、挂职锻炼、人才帮扶等实施方案）等方式进行明确。③高于、严于通用制度要求的原则同意，低于通用制度要求的原则不同意。

3. 公司对参与内部市场的员工有哪些激励?

答：公司对参与内部市场的员工激励主要有薪酬、荣誉、积分、职业生涯发展等四类激励措施。

薪酬激励。经组织安排到异地的挂职锻炼、人才帮扶、劳务协作人员按相关规定和标准享受一次性防寒装备费、生活补助费、节假日慰问费、伙食补助费、交通费、住宿费、公杂费、劳保费用。借用人员按相关规定和标准享受伙食补助费、交通费、住宿费、公杂费、劳保费用。经组织安排到海外长期工作的，按照公司驻外人员管理办法薪酬福利待遇有关标准执行。

荣誉激励。公司及各单位每年根据人才帮扶工作情况及成效，评选一定数量的先进单位和先进个人，授予相应的荣誉称号，并给予适当的物质奖励。

积分激励。经组织安排到异地的人才帮扶、劳务协作、挂职锻炼、人员借用的员工，视异地工作期限和艰苦程度，给予流动积分，并与岗位薪点工资挂钩。

职业生涯发展激励。挂职锻炼、人才帮扶、劳务协作、人员借用期间表现优秀的员工，在职务（职级）晋升、职员评选或岗位竞聘时，同等条件下优先录用。

4. 为什么要取消参与内部市场流动员工的年龄限制条件?

答：从外部看，国家将适时出台延迟退休政策，员工法定退休年龄将进一步延长，原有人员流动中的年龄限制要求与国家、地方政策存在一定的不适应性。从内部看，公司致力于打造公平、公正的内部市场环境，有流动意愿的员工均有机会参与内部市场流动。取消员工参与内部市场流动的年龄限制条件，有利于激发员工队伍活力，实现企业与员工的共同成长。2017 年 3 月 15 日后，各单位不得在岗位竞聘等各种内部人员流动中设定年龄限制条件。

5. 为什么对参与内部市场流动的员工绩效提出要求？有哪些要求？

答： 制定内部市场流动的基本要求，是对绩效表现优秀人员的充分肯定。强化员工参与内部市场流动在个人绩效方面的要求，给予了他们在人员流动中的优先权，促进员工主动提升绩效。员工参与岗位竞聘、挂职锻炼、人员借用（正式借调）、组织调配（员工申请）时，需满足：近3年绩效等级积分累计达到4.5分且上年绩效等级达到B及以上。

6. 为什么要规定新入职员工的生产一线岗位工作年限？

答： 从公司发展看，供电企业主营业务为电网及设备的运行、维护和检修等工作，明确新入职员工的生产一线岗位工作年限，有利于保障公司生产一线队伍稳定，确保公司主营核心业务发展。从员工发展看，鼓励新入职员工扎根一线，有利于其全面了解和掌握公司运行、检修、营销等核心业务，为今后的成长成才和长远发展奠定良好基础。

7. 部分特殊情况的生产一线岗位工作年限要求如何执行？

答：（1）公司核准入职岗位为管理、技术类的员工，如跨批复岗位中类流动配置到其他管理、技术类岗位或跨单位调整的，工作年限仍需按照内部市场各相关制度满足"3、5、8"要求。

（2）所有人员（含技能类）跨单位岗位竞聘、挂职锻炼、人员借用及员工申请跨单位调动（含技能类）包括县公司之间的跨单位调动，均需满足"3、5、8"要求。单位因机构业务、供电区域调整、新建筹建项目等统一组织的跨单位成建制划转，岗位不发生变化的，可不受此限制。

（3）在计算生产一线岗位工作年限时，学历以进入公司系统时的初始（就业）学历进行认定。

（4）退役士兵在部队工作年限应视为工龄，不视为在本单位工作时间。计算退役士兵在生产一线岗位工作年限，可参照其进入本单位前全日制最高学历，对应按"3、5、8"年限执行。

（5）对于 2010 年 1 月 1 日以后入职且已上管理、技术类岗位的员工，前期在生产一线岗位工作时间不满足"3、5、8"要求的，可通过挂职（岗）锻炼、人才帮扶等多种方式补足在生产一线岗位工作时间，各单位本部应带头严格执行公司通用制度有关规定要求。2017 年 3 月 15 日《国家电网公司内部人力资源市场管理办法》等 10 项通用制度施行后，未按照"3、5、8"年限要求执行的，不得通过挂职（岗）锻炼、人才帮扶等方式弥补，必须退回至生产一线岗位工作。

8. 挂职锻炼、人才帮扶、人员借用绩效考核为什么要占接收单位人员基数？

答：从单位角度考虑，遵循"谁用人、谁考核"原则，有利于接收单位基于员工现工作岗位性质，采取相应方式进行考核，并对考核结果进行分级，对员工的绩效表现评价更加客观和公正。从促进员工绩效提升角度出发，可防止极少数人员在参与流动期间缺少工作责任心，促进员工踏实工作，提升流动期间工作绩效。

如考核周期内员工分别在派出和接收单位工作，其年度考核结果计算方法可根据员工在双方单位工作时间长短，按照员工在派出和接收单位的综合表现进行考核评价。

9. 如何处理软流动的考核分级占用实际用工单位基数导致的绩效等级分布比例变换？

答：软流动的考核分级占用实际用工单位基数，可能会导致员工原单位绩效等级分布比例发生变化，造成不符合比例分布要求。如发生类似情况，可在年度绩效评价中进行说明，提前向上级单位人力资源管理部门进行沟通汇报。

10. 为什么要设立各单位内部的欠发达地区（包括供电所、班组、运维站等）？

答：中国幅员辽阔，省、市、县域内地理环境和人文环境差异明显。公司各级单位区域内，地形地貌、海拔高度、气候条件、经济收入、交通状况、距中心城镇距离、人员配置情况等千差万别，部分单位即使相邻供电所、班组或变电站所处环境和工作条件也不尽相同。因此，在国家规定的"西藏一至四类藏区"和"艰苦边远地区一至六类地区"基础上，允许各单位设立内部欠发达地区，相应设置高于发达地区的调整系数，在薪酬激励和流动积分方面予以倾斜，能够实现差异化管理和分类激励的目的，激发内部市场活力，鼓励员工向欠发达地区流动。

？ 11. 为什么要建立内部市场流动积分机制？

答： 从单位角度看，建立内部市场流动积分机制可鼓励员工参与内部市场流动，通过流动积分调整系数引导员工向艰苦边远、欠发达地区流动。从员工角度看，给予参与流动员工一定积分，将积分与其岗位薪点工资挂钩，可提高参与流动人员的积极性。

？ 12. 经组织安排到异地的人才帮扶、劳务协作、人员借用、挂职锻炼人员，如何计算其流动积分？

答： 流动积分等于基础积分与调整系数的乘积。其中，基础积分是指经组织安排到异地的人才帮扶、劳务协作、挂职锻炼、人员借用人员连续工作满一年而获得的积分；期限不足 3 个月的，不计流动积分。调整系数包括地区调整系数和时间调整系数。

例： 国网陕西电力某员工援藏帮扶 1.5 年，工作地点在拉萨（二类藏区），流动积分 =1.3（基础积分）×1.6（地区系数）×1.5（时间系数）= 3.12 分。尾数不足 0.1 分的，计 0.1 分。因此，该员工计流动积分为 3.2 分。

异地人才帮扶、劳务协作、挂职锻炼、人员借用，原则上需要参与流动人员返回派出单位，派出、派入单位和上级单位出具工作鉴定意见后，进行积分计算，经上级人力资源管理部门审核后予以积分。帮扶后回原单位错过统一积分调整时间的，各单位可结合实际进行单独调整。

13. 如何应用员工流动积分？当年结余分值如何处理？

答：员工流动积分纳入岗位薪点工资薪级进行动态调整，由各单位人力资源管理部门统一认定管理，直接累加计入薪档动态调整积分，流动积分与绩效等级积分等值。薪档晋升后，当年结余分值计入积分台账，纳入下一年度薪档调整。

14. 员工如何查看内部市场平台发布的岗位竞聘、挂职锻炼等需求信息？

答：员工可登录个人门户，访问人力资源工作台系统，查看内部市场模块各单位所发布的需求信息。

（1）报名：登录个人门户，访问人力资源工作台系统，查看内部市场模块各单位所发布信息的岗位条件、任职资格等其他要求，若本人符合报名条件直接点击"报名"即可。

（2）查看参与岗位竞聘、人才帮扶等其他流动形式的审核状态：登录个人门户，访问人力资源工作台系统，点击内部市场模块"结果查询"即可查看审核状态。

（3）下载参与岗位竞聘、人才帮扶等流动所需的人员信息表：登录个人门户，访问人力资源工作台系统，点击内部市场模块"人员信息表"，即可下载表格。

15. 内部市场系统、ERP人资系统配合10项通用制度主要做了哪些功能优化和完善？

答：重点开展了6项功能优化和完善。

（1）优化岗位竞聘管理流程。根据岗位竞聘管理规定修改内部市场系统岗位竞聘相关流程，取消参与竞聘人员所在单位审批环节；新增资格审核、竞聘考评环节；新增竞聘需求申请表、人员信息表、报名人员汇总表等表格下载功能。

（2）实现流动积分自动计算。根据激励考核管理规定，内部市场系统新增流动积分计算功能，并将积分结果记录在ERP系统中，后续可直接应用于薪酬薪档积分计算及调整。

（3）建立内部市场运行看板。根据激励考核管理规定，内部市场系统新增运行看板各项指标展示、导出功能，定期取数，提升人力资源配置效率。

（4）增加降岗、待岗管理功能。根据员工退出管理规定，内部市场系统增加应降岗、已降岗、应待岗、已待岗统计分析功能，便于考核降岗、待岗执行情况的监控。

（5）研究增加绩效、一线工作年限等控制功能。针对岗位竞聘、人员借用、挂职锻炼等人员配置方式，研究在内部市场系统中增加绩效、一线工作年限的控制功能。

（6）完善员工退出相关信息。根据员工退出管理规定，在ERP人资系统完善离职、退休及退二线相关信息。离职信息：新增离职原因、离职去向，以及去向单位名称、职务、收入等相关信息，便于监控离职人员情况；退休信息：加强退休时间和未退原因管理，新增预计退休日期、超龄未退原因等信息，用于统计人员退休情况，分析超龄未退原因；退二线信息：新增退二线日期、退二线人员、退二线至退休时长等，便于对退二线人员进行相关数据统计。

16. 在软流动期间，员工可否参与岗位竞聘或进行组织调配？

答：可以，并按以下要求办理：

（1）竞聘成功办理录用手续前，需提前结束软流动流程，方可在人资ERP系统中发起岗位竞聘试用流程或正式调动流程。

（2）进行组织调配需提前结束软流动流程。

（3）在岗位竞聘试岗期间，原单位应保留试岗人员原岗位，可通过临时借用等方式满足岗位工作需要。

17. 员工在异地工作有哪些注意事项？

答：（1）要了解异地工作环境差异，遵守异地工作单位管理规定，认真履行岗位职责，积极开展工作，保守秘密，维护派出单位和异地工作单位的声誉和形象。

（2）需尊重同事的宗教信仰、生活习俗和生活中的禁忌，切不可忽视礼俗或由于行动上的不慎而伤害他人的民族自尊心。

（3）需注意出行安全和饮食安全，避免暴饮暴食。

（4）应主动与派出单位沟通，汇报工作开展情况和存在的问题、工作建议，争取单位支持。

（5）应加强与家人交流，主动介绍在异地工作和生活情况，及时了解家庭近况和家人生活、学习、工作等情况，争取家人理解，让家人放心。

（6）到海拔超过3000米以上的高原地区工作，出发前几天，必须休息好，不要做剧烈运动。到高原后，最好不要提重物或跑步，当天一定要在下榻的宾馆休息，尽量避免会客、宴请和参观等户外活动。工作期间，注意预防感冒、发高烧、过度疲劳等，避免诱发高原病。出现头痛、头晕、心悸、气急、乏力或恶心呕吐等低氧性症状，应注意休息、及时就诊。

18. 内部市场涉及的各类员工跨单位流动中的"各单位"和"各级单位"指什么？

答：内部市场所述"各单位"是省公司和直属单位的统称；"各级单位"指公司总部专业部门、各单位及其所属单位。

19. 如何准确界定"直属单位生产一线岗位"？

答：直属单位生产一线岗位由各单位按照公司直属单位岗位管理暂行办法及其典型业务标准岗位名录要求，结合自身业务管理实际进行确定。

20. 内部市场制度和《知识读本》中相关表格在应用中是否可以调整？

答：内部市场制度和《知识读本》中提供的表格主要供各单位实际操作使用。各单位在内部使用时，可结合实际进行适当优化和调整，不用作为差异条款报送，但涉及核心内容有改动的不能进行调整（如在人员信息表中要求提供三年绩效情况，则必须提供，不能删除）。

21. 如何做好职工参加内部市场通用制度学习、培训相关事项的确认工作？

答：考虑内部市场10项通用制度规定内容直接涉及职工切身利益，按照国家法律法规规定，企业须履行告知义务。公司系统各级单位（部门、班组或内设机构等）采取多种灵活有效方式组织职工完成学习、培训后，每位职工要认真填写《国家电网公司通用制度学习、培训确认书》，本人必须在签字确认栏中亲笔签名（严禁代签），确保全体职工无遗漏。培训确认书签名结果分层级进行管理，公司党组管理干部的集中培训由公司党组组织部（人事董事部）集中组织，各处级干部的集中培训确认书报公司人力资源部备案，各科级干部的集中培训确认书报各单位人力资源部备案，其他人员的培训确认书分层级保存备查。

《确认书》格式可参考表3-1、表3-2，学历、专业技术资格或职业资格等字段可根据工作需要酌情选用。对于拒绝参加学习培训或不愿签字的职工，各单位要积极与其沟通协调，了解其拒绝参加学习培训或不愿签字的主要原因，通过组织专业人员进行政策解释辅导、开展集中再学习、培训等方式，确保全员宣传到位。对仍拒绝参加学习培训或不愿签字的，可采取书面公告、电子公告、电子邮件和文件分发等方式进行有效送达告知，并保留告知证据，同时依据企业规章制度和员工奖惩条例相关要求对有关人员进行处理。

表 3-1　　　　　　国家电网公司通用制度学习、培训确认书模板一

ERP 人员编号：

姓名		性别		出生年月	
参加工作时间		政治面貌		现学历	
居民身份证号				现专业技术资格 或职业资格	
现工作单位 （部门）			现工作岗位		
学习、培训组织 单位（部门）					
学习、培训 组织人员					
授课老师					
培训内容	《国家电网公司关于印发〈国家电网公司内部人力资源市场管理办法〉等 10 项通用制度的通知》（国家电网企管〔2017〕124 号）： 1.《国家电网公司内部人力资源市场管理办法》 2.《国家电网公司岗位竞聘管理规定》 3.《国家电网公司挂职（岗）锻炼管理规定》 4.《国家电网公司人才帮扶管理规定》 5.《国家电网公司劳务协作管理规定》 6.《国家电网公司人员借用管理规定》 7.《国家电网公司组织调配管理规定》 8.《国家电网公司员工退出管理规定》 9.《国家电网公司转岗培训管理规定》 10.《国家电网公司内部人力资源市场激励考核管理规定》				
学习、培训时间					

　　我已学习《国家电网公司关于印发〈国家电网公司内部人力资源市场管理办法〉等 10 项通用制度的通知》（国家电网企管〔2017〕124 号），知悉所有内容，我确认能在工作中遵照执行该制度规定的内容。

接受学习、培训人员本人签字确认：
年　　　月　　　日

表 3-2　　**国家电网公司通用制度学习、培训确认书模板二**

学习、培训组织单位（部门）		学习培训组织人员	
授课老师		学习培训时间	
培训内容			《国家电网公司关于印发＜国家电网公司内部人力资源市场管理办法＞等 10 项通用制度的通知》（国家电网企管〔2017〕124号）： 1.《国家电网公司内部人力资源市场管理办法》　　2.《国家电网公司岗位竞聘管理规定》 3.《国家电网公司内部挂职（岗）锻炼管理规定》　　4.《国家电网公司人才帮扶管理规定》 5.《国家电网公司劳务协作管理规定》　　6.《国家电网公司人员借用管理规定》 7.《国家电网公司组织调配管理规定》　　8.《国家电网公司员工退出管理规定》 9.《国家电网公司转岗培训管理规定》　　10.《国家电网公司内部人力资源市场激励考核管理规定》

我已学习《国家电网公司关于印发＜国家电网公司内部人力资源市场管理办法＞等 10 项通用制度的通知》（国家电网企管〔2017〕124 号），知悉所有内容，我确认能在工作中遵照执行该制度规定的内容。

序号	姓名	性别	出生年月	参加工作时间	政治面貌	现学历	居民身份证号	ERP人员编号	现工作单位（部门）	现工作岗位

第二节
专项问题

1. 为什么管理、技术和重要技能岗位原则上要通过岗位竞聘方式补充?

答：管理、技术和重要技能岗位对人员的技术技能、人际技能和概念技能要求较高，开展岗位竞聘的作用主要有以下几方面：

（1）扩大选人视野，拓宽识人渠道。通过公开、公平的竞争，一定程度上打破了论资排辈观念，打破了过去由少数人选人、在少数人中选人的状况，打破了"封闭化"运作方式。符合竞聘条件的员工都可以报名参与，都有机会得到更高层次岗位，树立了"公开、公平、公正"的用人导向，为德才兼备、自愿干事、群众认可的员工脱颖而出创造有利条件。

（2）强化竞争，有利于优秀人才脱颖而出。通过科学合理设置考核内容及权重，有助于结合岗位要求对参加竞聘人员进行全面综合评价，较好体现了人适其职、用人所长的原则。

（3）增强全体员工的上进心和危机感。满足一定绩效条件方能参加竞聘上岗，"能者上、庸者下"，一定程度上打破了铁饭碗、终身制和平均主义，打破了论资排辈消极等待思想，打破了自己的命运、前途主要由别人决定的观念，能有效地激发员工爱岗敬业、勤奋努力、刻苦钻研、争创佳绩的热情，有力地促进员工队伍建设和各项工作发展。

2. 对西藏和国家规定的四、五、六类地区，跨单位岗位竞聘有什么特殊规定?

答：西藏和国家规定的四、五、六类地区可面向公司系统公开招聘，招聘需求计划报公司备案后即可组织实施，而其他省份类似需求则需要审批。内部竞聘结束以后，拟聘用人选报公司按照组织调配履行跨单位审批程序。

3. 跨单位岗位竞聘有哪些注意事项？

答：跨单位岗位竞聘需求单位应遵循"先内部优化、后跨单位配置"原则，人员短缺时，优先在本单位范围内通过内部市场进行配置补充。内部确无法调剂的，再向上级管理部门申请跨单位岗位竞聘需求，经批准后开展。

员工在参加跨单位岗位竞聘报名时，需将《人员信息表》等相关材料报送至招聘单位人力资源管理部门，不需要原单位审批。在确定人选时，招聘单位应向拟聘人选所在单位征求意见，核实相关信息（员工竞聘报名提供的人员信息）后再行录用，加强双方沟通交流。

4. 岗位竞聘主要有哪些考评方法？

答：依据拟竞聘岗位任职资格要求，单一或综合采取业绩评价、笔试、面试等多种考评方法。其中，管理、技术类岗位考评应侧重综合管理水平、理论素养及解决实际问题能力等；技能类岗位考评侧重实操能力等。

（1）业绩评价主要评价应聘人员综合素质、以往工作业绩及对新岗位的胜任能力。

（2）笔试可重点考核招聘岗位所需的专业知识、行政职业能力、申论、企业文化、公文写作等。

（3）面试可采用结构化面试、半结构化面试、无领导小组讨论、情景模拟面试等方式，可附加心理测评，检验应聘者心理素质及人际交往能力等；也可通过综合应用心理测验、360度评议和面试等方法从工作业绩、能力、群众基础、动机和个性方面对竞聘者进行考察评估。

5 岗位竞聘中，是否需要明确拟竞聘岗位的报名底限人数和纳入录用考察人员的最低比例？

答：考虑到各级单位在岗位竞聘组织过程中，不同岗位的人员报名情况差异较大，因此，岗位竞聘管理规定未明确拟竞聘岗位的报名最低限人数和纳入录用考察人员的最低比例。各单位可以结合本单位实际，在具体招聘工作方案中进行明确，原则上录用人数与竞聘人数比例不低于 1 ： 3，确保岗位竞聘工作的公平公正。

6. 竞聘各单位本部调控中心、运监中心的技能岗位，是否需要具备全日制本科及以上学历？

答：需要。按照岗位竞聘管理规定，竞聘各单位本部岗位的，原则上应具备全日制本科及以上学历，艰苦边远、欠发达地区可适当放宽。

7. 岗位竞聘为什么要进行试岗？如何开展试岗？

答：岗位竞聘周期较短，业绩评价、笔试和面试也不能完全对应聘者进行全面科学的评价。通过试岗锻炼，可以在一段时间的工作实践中，更全面、更客观地考察员工，了解员工的组织领导能力、工作作风、工作业绩、廉洁自律等情况，评价员工能否胜任岗位工作。同时，试岗期不仅是公司考察拟聘任人选的态度、能力的过程，也是员工评估自己是否适合岗位的机会。如员工觉得自己不适合竞聘岗位，也可选择退出。

因此，对首次竞聘到管理、技术和重要技能岗位的，低层级岗位竞聘到高层级岗位的，下级单位竞聘到上级单位管理机关的，须进行试岗。如在应聘岗位已开展挂职锻炼、人才帮扶、人员借用等超过 6 个月且经考核评价合格的，可不用试岗。

试岗期间，员工人事、工资关系可转至试岗单位，也可保留在原单位、部门。试用期结束以后，根据其绩效和相关考核结果，合格者予以留用，不合格者退回原单位。

8. 如何执行落实岗位竞聘中的优先条件？

答：一般岗位竞聘通过笔试和面试等方式开展，各单位可根据自身实际，制定优先条件的具体量化措施，在招聘方案中进行公开。

9. 考核降岗和待岗人员通过岗位竞聘方式重新上岗的竞聘条件是什么？

答：对于考核降岗人员，降岗后次年或以后年度绩效等级达到 B 及以上的，即可通过岗位竞聘方式重新调整岗位，不受员工近 3 年绩效等级积分累计须达到 4.5 分的限制，但调整后岗位岗级原则上不得高于降岗前岗位岗级。

对于待岗人员，参加考试考核合格后，也可通过岗位竞聘方式重新上岗，不受员工近 3 年绩效等级积分累计须达到 4.5 分且上年绩效等级达到 B 及以上的限制，但所上岗位岗级不得高于待岗前岗位岗级。

10. 公司对于参与人才帮扶的员工给予哪些荣誉激励？

答：帮扶期满，公司及各单位可按照公司表彰奖励相关办法和公司年度表彰项目计划安排，组织开展帮扶工作先进集体和先进个人评选表彰工作，授予相应的荣誉称号，如东西帮扶优秀个人、先进生产个人等，并给予适当的物质奖励。

11. 异地帮扶人员回家探亲有哪些规定？

答：按照《国家电网公司内部市场激励考核管理规定》第十三条规定，异地工作期间利用法定休假日、休息日回家团聚的，交通费用由派出单位报销，每月不超过两次，但不能占用日常工作时间，不能影响帮扶工作。

12. 如何更好地完成帮扶工作?

答：一是派援单位选拔适合帮扶岗位的优秀人才，建立合理的信息沟通机制，作为帮扶人员的强大后盾，提供技术团队支撑，对帮扶人员给予日常技术和心理支持；落实帮扶人员帮扶期间工作生活待遇，关心考虑帮扶人员未来职业发展，让帮扶人员全力做好帮扶工作。二是受援单位应加强组织协调，为帮扶人员创造良好的工作和生活条件，给予帮扶人员充分信任和授权，让帮扶人员工作上任实职、担实责，充分调动帮扶人员的主观能动性。三是帮扶人员面对陌生艰苦的工作环境，要时刻牢记自己肩负的使命和责任，发扬"吃苦、忍耐、战斗、团结、奉献"精神，珍惜难得施展才能的机会，脚踏实地，任劳任怨，谋实事，干实事，将派援单位好的做法和经验带到受援单位，做好"传、帮、带"，"输血"和"造血"并重，圆满完成各项帮扶任务。

13. 如何核算劳务协作费用?

答：对于各单位所属分公司之间的劳务协作，采取内部人工成本模拟核算方式实施，即将劳务协作费用纳入人工成本计划，一方面调增劳务协作输出单位的工资总额计划，另一方面调减劳务协作输入单位的工资总额计划，具体核算标准由各单位确定。

对于涉及子公司的劳务协作，采取业务委托方式实施，劳务协作费用按业务委托合同约定结算，输入、输出单位人工成本计划参照分公司间劳务协作方式，由各单位具体确定。

14. 各单位所属单位之间是否可以根据自身实际情况开展劳务协作?

答：原则上劳务协作应在超缺员单位之间开展，人员输出单位为超员单位，输入单位为缺员单位。各单位所属单位、专业之间人员配置存在不均衡情况，缺员单位内部也可能存在人员配置率差异较大的情形。为统筹提高一线技能人员使用效率，在不影响双方单位生产经营工作的前提下，可由各单位统一组织，针对重点任务、专项工作、季节性工作等，在所属单位之间开展劳务协作，视情况采取内部人工成本模拟核算或业务委托方式实施。

？ 15. 对人员借用期限累计超过相关规定的情况如何处理？

答：根据《国家电网公司人员借用管理规定》，正式借调期限一般为 6 个月，最长不超过 1 年；临时借用期限一般不超过 6 个月，确因工作需要延期借用，须重新履行借用手续，累计不超过 1 年。借用到系统外单位的，累计不超过 2 年。各单位应严格按照此规定加强对借用人员的规范管理。

对本制度实施之前的超期借用人员，各单位应按照"先清理、后规范"的原则，根据本单位岗位设置情况、员工个人意愿等因素，对符合现岗位要求、表现优秀的员工，可通过岗位竞聘、组织调配等方式进行正式工作调动；无空缺编制或不符合岗位要求的，回原工作单位。

？ 16. 对临时借用期限有哪些规定？

答：对临时借用期限所做的规定是针对员工个人做出的要求，即同一员工可以参与的临时借用时间一般不超过 6 个月，累计不超过 1 年；同一员工借用到系统外单位的，累计不超过 2 年。

？ 17. 部分单位在《国家电网公司内部人力资源市场管理办法》正式实施前未执行科级干部退二线政策的，应如何处理？

答：对于部分单位在本办法正式实施前未执行科级干部退二线政策的，符合公司关于科级干部退二线年龄为"距国家或地方规定退休年龄 5 年内"的要求，公司鼓励其保持现有管理模式。

18. 县公司科级以下人员不能退二线后，如何更好加强员工队伍管理？

答：县公司科级以下人员不能退二线后，短期内会对部分原已开展股级人员退二线的县公司产生一定影响，需要相关单位进一步研究，建立股级人员退出机制，真正实现能上能下，减轻对年轻骨干成长的影响。目前少数省公司对其科级干部建立的任期管理机制具有一定借鉴意义。

19. 五级及以上职员能否办理退二线？

答：不能。员工职级序列和员工行政职务序列是两类不同的岗位序列，员工退出管理规定中有关退二线的政策仅适用于后者。

20. 退二线人员的任职年龄标准是如何规定的？

答：退二线人员任职年龄标准为，处级干部距国家或地方规定退休年龄2年内；科级干部距国家或地方规定退休年龄5年内。这条规定明确处、科级人员退二线时间不应一刀切，有利于充分发挥领导干部作用，避免人力资源浪费。对工作业绩评价多次为A，且干部测评多次优秀的处、科级干部，在征求本人意见的前提下，应适当延长其任职年龄，但最长不超过国家或地方规定的退休年龄。

21. 如何加强退二线人员职责、考勤等规范管理？

答：部分单位对已退二线人员疏于管理，考勤考核机制不健全，造成人力资源浪费及不良影响。各单位必须严格退二线人员考核，按在岗人员进行考勤，强化考勤考核与薪酬联动。对于调研员、协理员等退二线人员，要安排饱满的工作任务，设置具体的考核标准，安排他们从事大客户经理、调研、培训、现场安全督导、政策研究、创新研究等工作，继续发挥余热。严禁退二线人员在外兼职和经商办企业。

22. 鼓励退二线人员从事大客户经理等工作有何好处?

答：对公司来讲，需要更多大客户经理做好关键重要客户的服务、新增等工作，提升公司整体竞争能力；对个人来讲，大客户经理等工作要求从业者个人素质高、独立工作能力强，退二线人员符合要求，能较好发挥潜能。

23. 如何理解考核降岗、待岗配置方式?

答：考核降岗、待岗配置方式以绩效考核为基本导向，将员工的工作胜任能力和绩效考评结果作为员工降岗、待岗的重要依据，适用于公司全体干部员工，以真正建立岗位（职务）能上能下的管理机制。

执行考核降岗、待岗时，各单位应印发公开正式文件，并上传至人资系统。

24. 对考核降岗等级有什么要求?

答：考核降岗应将员工调整至较低岗级岗位，或现岗位降低岗级使用。各单位可结合实际具体确定降岗等级，原则上降岗等级应不低于1个岗级，降岗时间不低于1年。

25. 对年度绩效等级为 C、上年度为 D 的员工是否需要采取考核降岗?

答：不需要。主要原因是，当年绩效等级为 D、上年绩效等级为 C 的员工，其工作业绩处于不断退步状态，因此要通过考核降岗进行警示。当年绩效等级为 C、上年绩效等级为 D 的员工，其工作业绩处于进步状态，可不采取考核降岗。

26. 待岗员工如何安排学习和工作?

答：待岗员工从待岗正式文件印发确定的第一个工作日起就进入学习培训期，期间按照在岗人员进行考勤，待岗期不低于3个月，不超过1年。待岗员工可在本单位（部门、班组）跟班学习，单位有组织的，统一参加集中待岗培训。待岗满3个月，即可参加考试考核，合格后可积极参与组织调配或岗位竞聘等选择合适岗位上岗，所上岗位岗级不高于待岗前岗级；考试考核不合格的，继续参加待岗培训，但最长不超过1年。待岗员工待岗期内未按单位规定参加待岗学习培训或待岗期满学习培训考试不合格的，以及待岗学习培训考试合格重新上岗后，当年绩效等级仍为D的，所在单位应与其解除劳动合同。

27. 为什么员工书面辞职申请必须经本人自愿亲笔签名并加盖手印?

答：员工主动向单位提出辞职，最重要的原始证据是辞职申请书，申请书应是员工本人真实意愿的表达。单位要求员工提交书面辞职申请，且必须本人亲笔签名和盖手印，这是企业依法治企的需要，也是以人为本，希望员工本人慎重考虑后做出辞职决定。同时，也可防止人为以代签、复印等手段伪造原始证据材料，给企业带来法律风险。

28. 停薪留职时间是多长? 期满后如何处理?

答：《劳动人事部、国家经济委员会关于企业职工要求"停薪留职"问题的通知》规定，停薪留职的时间一般不超过两年。《劳动部关于贯彻执行〈中华人民共和国劳动法〉若干问题的意见》（劳部发〔1995〕309号）第9条明确：原固定工中经批准的停薪留职人员，愿意回原单位继续工作的，原单位应与其签订劳动合同；不愿回原单位继续工作的，原单位可以与其解除劳动关系。

对于与单位签订停薪留职协议的员工，各单位要按照国家相关政策及公司制度要求，加强与停薪留职员工沟通，了解其个人意愿，同时咨询专业律师意见，按照公司制度要求依法妥善完成规范清理工作。

29. 为什么要强化单位提出解除劳动合同的刚性执行？

答：《国家电网公司员工退出管理规定》明确，单位按照国家法律法规及《劳动合同法》相关条款规定，应与员工解除劳动合同；同时根据公司规章制度规定的条件、程序，明确了单位应与员工解除劳动合同的六种情形。这是从制度上对员工严格要求，体现了公司严肃员工劳动纪律、规范企业用工行为的态度和决心。

30. 为什么取消内部退养政策？

答：《国家电网公司员工退出管理规定》第五十一条明确：各单位不得新增内部退养人员。可通过岗位管理、绩效考核、差异化薪酬等综合措施，妥善解决少量年龄较大、文化程度偏低和工作能力较差的人员管理问题。主要理由如下：

国有企业职工的"内部退养"，是我国在一定历史时期，根据国有企业的特殊情况，对一些距离退休年龄不远，但又因身体原因无法正常生产工作的部分职工所做出的一项特殊政策。根据国家相关规定，企业职工内退必须同时达到以下几个法律要件方可办理，缺一不可：一是企业有富余职工（主要指企业因生产经营发生困难不能正常生产，而无法安置工作岗位的职工）；二是满足《国有企业富余职工安置规定》（国务院令第 111 号）规定的法定内退条件（距法定退休年龄不足 5 年）；三是职工本人自愿；四是企业领导同意；五是劳动部门备案。

从国家当年政策规定来看，企业职工是不得随意提出内部退养的，企业也不能随意对职工做出内部退养规定。内退是企业富余职工退出工作岗位休养的一种劳动管理形式，是适应当时经济体制改革、转变企业经营机制的产物，对妥善安置企业富余职工、减轻企业负担，增强企业活力发挥了一定的历史作用，但并没有从根本上解决企业存在的人员问题。因为企业职工在内部退养后，从性质上仍是企业的职工，被纳入不在岗职工管理，在内部退养期间，职工与企业的劳动合同并未解除。

当前，国有企业正处在深化改革的关键时期，电力体制改革也步入深水区。一方面，"内部退养"做法会使劳资双方的利益关系复杂化，在处理相关问题上极易产生劳动争议和劳资矛盾，企业队伍稳定和用工法律风险大；另一方面，公司系统单位用工总量受多年严格管控后，已呈现总体可控良好局面，继续实施"内部退养"政策的法律要件已不完备。此外，内退人员退出岗位休养后，不再为企业创造劳动价值，但仍然享受企业规定的内退待遇，工龄连续计算，企业仍须为其缴纳社会保险费，不符合"按劳分配"原则，用工政策导向偏差不可避免会造成劳动力资源浪费，影响企业在岗员工的工作积极性，制约企业发展。因此，取消内部退养政策是公司适应新形势，保持健康发展，提升效率效益，履行社会责任的必然选择。

对本规定实施前已办理内部退养的员工，《国家电网公司员工退出管理规定》第五十一条明确：维持原管理模式不变，待遇标准继续按各单位原规定和内部退养协议执行。

31. 如何进一步加强对退休时间的管理？

答：退休主要由各单位按照国家和地方政策要求进行办理，原则上不得延迟。地方政策规定可提前办理退休的，报地方政府部门审批；延长退休年龄或地方提出延迟办理申领养老金的，报公司审批。

公司下一步将加强系统管理，要求各单位将5年内需退休人员的具体退休时间及原因等进行维护，增加提醒功能，并重点关注特殊地区、电力特殊工种、女职工、超龄未退等退休问题。

32. 如何开展员工转岗培训？

答：各单位应根据"以培促流、突出实效；按需施培、胜任为先；体现特点、确保安全；统筹组织、分类实施"的原则，由人力资源管理部门牵头统一组织转岗培训。

首先，各专业部门要在人力资源管理部门指导下，系统调研本部门（专业）人员的配置情况、岗位配置与流动情况、人员技能水平等因素，编制本部门（专业）的转岗培训规划、计划以及实施方案。培训计划的制定，要与年度内部市场各类人员流动方案同规划、同部署、同实施、同监督、同检查。培训方案应立足转岗人员特点：挂职锻炼、人员借用、人才帮扶、劳务协作人员，主要为适应性培训，重点满足现场安全、完成流动期间的工作任务需求；组织调配、岗位竞聘人员，应重点提升其岗位工作能力和综合素质；因工作能力不足或重新上岗人员，应以岗位工作所需基本技能、安全规定和工作纪律等为重点。

其次，明确本部门（专业）人员的培训方式、培训时间、培训地点、培训内容和课程安排，并根据相关要求及时报送至人力资源管理部门。

最后，人力资源管理部门汇总各部门（专业）的各类培训规划、计划及方案后进行统筹决策，结合各专业年度内部市场人员流动计划进行总体平衡，测算开班费用、安排开班时间，形成汇总后的各单位年度转岗培训方案并履行本单位的决策程序，经正式发文后执行。

33. 直属单位所属二级或三级非在京单位人员调入在京单位，是否需要公司党组组织部（人事董事部）审批？

答：需要。

34. 临时借用流程中，跨单位借用至公司直属单位应由谁审批？

答：应报公司党组组织部（人事董事部）审批。

国家电网公司内部人力资源市场知识普及读本

35. 解除或终止劳动合同用人单位需支付经济补偿的情形有哪些?

答: 有四种情形,如表 3-3 所示。

表 3-3　　　　　　　解除或终止劳动合同用人单位需支付经济补偿的情形

序号	情形	解释	备注
1	劳动者提出解除劳动合同 (11种)	用人单位未按照劳动合同约定提供劳动保护或者劳动条件,劳动者解除劳动合同的	《劳动合同法》第三十八条第一款第(一)项
		用人单位未及时足额支付劳动报酬,劳动者解除劳动合同的	《劳动合同法》第三十八条第一款第(二)项
		用人单位未依法为劳动者缴纳社会保险费,劳动者解除劳动合同的	《劳动合同法》第三十八条第一款第(三)项
		用人单位的规章制度违反法律、法规的规定,损害劳动者权益,劳动者解除劳动合同的	《劳动合同法》第三十八条第一款第(四)项
		用人单位以欺诈、胁迫的手段或者乘人之危,使劳动者在违背真实意思的情况下订立或者变更劳动合同,致使劳动合同无效,劳动者解除劳动合同的	《劳动合同法》第三十八条第一款第(五)项、第二十六条第一款第(一)项
		用人单位免除自己的法定责任、排除劳动者权利,致使劳动合同无效,劳动者解除劳动合同的	《劳动合同法》第三十八条第一款第(五)项、第二十六条第一款第(二)项
		用人单位订立劳动合同违反法律、行政法规强制性规定,致使劳动合同无效,劳动者解除劳动合同的	《劳动合同法》第三十八条第一款第(五)项、第二十六条第一款第(三)项
		用人单位以暴力、威胁或者非法限制人身自由的手段强迫劳动者劳动,劳动者解除劳动合同的	《劳动合同法》第三十八条第二款的第一种情形
		用人单位违章指挥、强令冒险作业危及劳动者人身安全,劳动者解除劳动合同的	《劳动合同法》第三十八条第二款的第二种情形
		用人单位以低于当地最低工资标准支付劳动者工资的	《最高人民法院关于审理劳动争议案件适用法律若干问题的解释(一)》第十五条第(五)项
		法律、行政法规规定的其他情形	《劳动合同法》第三十八条第一款第(六)项

序号	情形	解释	备注
2	用人单位提出解除劳动合同（8种）	用人单位提出，双方协商解除劳动合同的	《劳动合同法》第三十六条
		劳动者患病或者非因工负伤，在规定的医疗期满后不能从事原工作，也不能从事由用人单位另行安排的工作，用人单位解除劳动合同的	《劳动合同法》第四十条第（一）项
		劳动者不能胜任工作，经过培训或者调整工作岗位，仍不能胜任工作，用人单位解除劳动合同的	《劳动合同法》第四十条第（二）项
		劳动合同订立时所依据的客观情况发生重大变化，致使劳动合同无法履行，经用人单位与劳动者协商，未能就变更劳动合同内容达成协议，用人单位解除劳动合同的	《劳动合同法》第四十条第（三）项
		用人单位依照企业破产法规定进行重整，依法裁减人员的	《劳动合同法》第四十一条第一款第（一）项
		用人单位生产经营发生严重困难，依法裁减人员的	《劳动合同法》第四十一条第一款第（二）项
		企业转产、重大技术革新或者经营方式调整，经变更劳动合同后，仍需裁减人员，用人单位依法定程序裁减人员的	《劳动合同法》第四十一条第一款第（三）项
		其他因劳动合同订立时所依据的客观经济情况发生重大变化，致使劳动合同无法履行，用人单位依法定程序裁减人员的	《劳动合同法》第四十一条第一款第（四）项
3	劳动合同终止（3种）	固定期限劳动合同期满，除用人单位维持或提高劳动合同约定条件续订劳动合同，劳动者不同意续订的情形外，应支付经济补偿	《劳动合同法》第四十四条第（一）项、第四十六条第（五）项
		因用人单位被依法宣告破产而终止劳动合同的	《劳动合同法》第四十四条第（四）项
		因用人单位被吊销营业执照、责令关闭、撤销或者用人单位决定提前解散而终止劳动合同的	《劳动合同法》第四十四条第（五）项
4	法律、行政法规规定的其他情形（2种）	用人单位自用工之日起超过一个月不满一年，劳动者不与用人单位订立书面劳动合同的，用人单位应当书面通知劳动者终止劳动关系，并支付经济补偿	《中华人民共和国劳动合同法实施条例》第六条
		以完成一定工作任务为期限的劳动合同因任务完成而终止的	《中华人民共和国劳动合同法实施条例》第二十二条

36. 解除或终止劳动合同用人单位无需支付经济补偿的情形有哪些？

答：有三种情形，如表 3-4 所示。

表 3-4　　　　　　　解除或终止劳动合同用人单位无需支付经济补偿的情形

序号	情形	解释	备注
1	协商解除	劳动者自愿提出辞职申请，双方协商一致解除劳动合同的	
2	劳动者有下列情形之一的，用人单位可以解除劳动合同	在试用期间被证明不符合录用条件的	《劳动合同法》第三十九条第（一）项
		严重违反用人单位规章制度的； 连续旷工 15 天及以上的，或 1 年内累计旷工 30 天及以上的； 违反《国家电网公司员工奖惩规定》中符合解除劳动合同条件的其他条款	《劳动合同法》第三十九条第（二）项； 《国家电网公司员工退出管理规定》第三十九条第（一）项
		严重失职，营私舞弊，给用人单位造成重大损害的	《劳动合同法》第三十九条第（三）项
		劳动者同时与其他用人单位建立劳动关系，对完成本单位的工作任务造成严重影响，或者经用人单位提出，拒不改正的	《劳动合同法》第三十九条第（四）项
		劳动者以欺诈、胁迫的手段或者乘人之危，使用人单位在违背真实意思的情况下订立或者变更劳动合同，致使劳动合同无效的	《劳动合同法》第三十九条第（五）项、第二十六条第一款第（一）项
		被依法追究刑事责任的	《劳动合同法》第三十九条第（六）项
3	劳动合同终止	劳动者开始依法享受基本养老保险待遇的	《劳动合同法》第四十四条第（二）项
		劳动者死亡，或者被人民法院宣告死亡或者宣告失踪的	《劳动合同法》第四十四条第（三）项
		固定期限劳动合同到期，用人单位维持或者提高劳动合同约定条件续订劳动合同，劳动者不同意续订而终止劳动合同的	《劳动合同法》第四十六条第（五）项

37. 公司文件规定解除劳动合同且有条件支付经济补偿的情形有哪些？

答：有四种情形，如表3-5所示。

表 3-5　　公司文件规定解除劳动合同且有条件支付经济补偿的情况

序号	情形	解释	备注
1	本人提出脱产参加学历教育或出国留学的	用人单位应告知有关人员，企业不再新增办理脱产参加学历教育或出国留学；如本人继续坚持的，应劝其主动申请辞职，用人单位不支付经济补偿；如本人既不愿申请辞职，又坚持在用人单位未同意的情况下擅自脱产参加学历教育或出国留学，用人单位按照《国家电网公司员工退出管理规定》和《国家电网公司员工奖惩规定》中关于旷工的有关情形处理，不支付经济补偿	《国家电网公司员工退出管理规定》第三十九条第（二）项
2	办理停薪留职或长学人员，由所在单位通知其回单位工作，在30日内未返回的	协议已到期人员： 按照之前的协议，停薪留职或长学已到期，仍未返回的人员，要求其30日之内回单位工作，如超期未归，按旷工处理，达到解除劳动合同时限要求，直接解除劳动合同，不支付经济补偿 协议未到期人员： 对于之前已办理并在相关协议中约定了单位有权终止停薪留职和长学状态的，应要求其在规定时间内返回单位，如超期未归，直接按旷工处理，达到解除劳动合同时限要求，直接解除劳动合同，不支付经济补偿； 对于之前已办理但在相关协议中没有约定单位有权终止停薪留职和长学状态的，企业与停薪留职或长学人员加强沟通，要求其在30日之内回单位工作，如超期未归，应通过协商的方式与停薪留职或长学人员解除劳动合同，并且按规定支付经济补偿	《国家电网公司员工退出管理规定》第三十九条第（三）项
3	待岗员工待岗期内未按单位规定参加待岗学习培训或待岗期满学习培训考试不合格的	应结合实际情况进行判断，如待岗期满学习培训考试不合格解除的，应给予经济补偿；如因未按单位规定参加待岗学习培训的，按照旷工处理，达到解除劳动合同时限要求，直接解除劳动合同，不给予经济补偿	《国家电网公司员工退出管理规定》第三十九条第（四）项

国家电网公司内部人力资源市场知识普及读本

序号	情形	解释	备注
4	待岗员工待岗学习培训考试合格重新上岗后，当年绩效等级仍为D的	除严重违反用人单位规章制度的，解除后不予支付经济补偿外，其他的均应支付经济补偿	《国家电网公司员工退出管理规定》第三十九条第（五）项

实际操作中应注意以下事项：

因劳动者提出而协商一致解除劳动合同的，劳动者应当向用人单位提供本人签名的书面辞职申请书或解除劳动合同协议书、本人居民身份证正反面复印件，用人单位履行内部审批程序后，劳动者应限期书面办理完毕工作交接手续，以上相关材料由用人单位存档。劳动者提出解除劳动合同的，一般应由其本人亲自办理，本人确因特殊原因不能亲自办理的，可由本人出具书面委托书，被委托人参照上述流程进行办理，被委托人居民身份证复印件及书面委托书一并存档。

38. 关于经济补偿支付标准的相关规定有哪些？

答： 具体规定如下：

《劳动合同法》第四十七条第一款规定：经济补偿按劳动者在本单位工作的年限，每满一年支付一个月工资的标准向劳动者支付。六个月以上不满一年的，按一年计算；不满六个月的，向劳动者支付半个月工资的经济补偿。

《劳动合同法》第四十七条第二款规定：劳动者月工资高于用人单位所在直辖市、设区的市级人民政府公布的本地区上年度职工月平均工资三倍的，向其支付经济补偿的标准按职工月平均工资三倍的数额支付，向其支付经济补偿的年限最高不超过十二年。

《劳动合同法》是 2008 年 1 月 1 日起实施的，而此前主要依据《中华人民共和国劳动法》处理经济补偿金的问题。劳动者的劳动关系跨越新旧法的，根据《劳动合同法》第九十七条第三款规定，以 2008 年 1 月 1 日为分界线，2008 年 1 月 1 日之前的工作年限按照《劳动法》的规定计算经济补偿金，2008 年 1 月 1 日之后按照《劳动合同法》的规定计算经济补偿金，分别计算，最后相加。

关于军人军龄问题，依据《中华人民共和国兵役法》和中共中央、国务院、中央军委印发的《军队转业干部安置暂行办法》（中发〔2001〕3号）第三十七条以及《国务院、中央军委关于退伍义务兵安置工作随用人单位改革实行劳动合同制度的意见》（国发〔1993〕54号）第五条规定，军队退伍、复员、转业军人的军龄，计算为接收安置单位的连续工龄。

实际操作中，应注意以下事项：

（1）《劳动合同法》对经济补偿年限设限仅针对月工资高于用人单位所在直辖市、设区的市级人民政府公布的本地区上年度职工月平均工资三倍的那部分劳动者，对低于这一收入标准的劳动者并无限制，经济补偿年限可超过12年，1年工龄补偿1个月。

（2）劳动者在本单位工作的年限，应当从劳动者与用人单位建立劳动关系并向该用人单位提供劳动之日起计算，即从劳动者入职之日开始计算。因用人单位的合并、兼并、合资、单位改变性质、法人改变名称等原因而改变工作单位的，其改变前的工作时间可以计算为"在本单位的工作时间"，但进行了经济补偿就不用计算为"本单位工作时间"。

39. 员工退出单位或参与公司范围内的内部市场流动时，需与所在单位办理哪些工作交接事项？

答：主要有办公用品、工器具、工作资料、稽核应收款、财务欠款结算、备用金欠款结算、标书／中标借款结算、服务期协议履行情况、竞业限制协议履行情况、保密协议履行情况、社会保险费缴纳情况、劳动合同的解除或终止手续办理情况、组织关系转移、人事档案转移等事项。工作交接手续办理清单模板如表3-6所示，各单位可结合实际对参考模板进行相应调整。

表 3-6   工作交接手续办理清单模板

姓名		劳动合同编号		进入本单位时间		单位		岗位	

离职原因：○辞职　　○内部流动　　○退休　　○终止劳动合同　　○解除劳动合同　　○其他

请按下列事项，依次办理。

联系电话	固定电话：　　　　　　　　　　　　手机：				

序号	应移交事项	经办部门	电话	办理情况	经办人签字	日期
1	办公用品、工器具等					
2	工作资料（纸质和电子文档资料）					
3	稽核应收款					
4	财务欠款结算、备用金欠款结算、标书/中标借款结算等					
5	服务期协议履行情况					
6	竞业限制协议履行情况					
7	保密协议履行情况					
8	社会保险费缴纳情况			社会保险费已缴至　　年　月		
9	劳动合同的解除、终止					
10	终止使用公司协同办公系统					
11	其他					
12	组织关系转移（如为党员需要单位开具党组织关系介绍信）					
13	单位确认完成工作交接					
14	人事档案转移					

注　1. 以上应移交事项，经办人签字后视同相关手续已办理完毕。
　　2. 此表须在15天内办结后交本单位人力资源管理部门，否则视为无效。
　　3. 此表中第1~13项办结后，方可办理第14项。
　　4. 此表为参考模板，各单位可结合实际作相应调整。

第四章

实践案例

- 采用四级胜任力指标体系　优化岗位竞聘
- 双向匹配　构建单位内挂岗选派新机制
- "三式"援藏　促进帮扶助提升
- 劳务协作助力藏区发展　川电人走出特色路
- ......

采用四级胜任力指标体系　优化岗位竞聘

　　"三集五大"体系建设以来，面对专业化越来越强的岗位和流动频繁的人员，国网陕西省电力公司渭南供电公司人力资源部杨主任心里一直在思考两个问题：如何适应新形势，从公司实际出发，不断优化应用内部市场，合理配置现有各类用工，实现人得其岗、岗适其人、人岗匹配？如何实现核心岗位选配到胜任力、履职能力强的人员，有效促进管理层、班组长队伍年轻化、知识化和专业化，优化人员配置结构，调动员工积极性，激发工作热情，满足各专业、部门用人需要？带着思考和问题，他组织召开了研讨会，研究如何落实国家电网公司关于管理、技术类岗位原则上应采用岗位竞聘方式进行人员补充的要求，探索如何多维度建立一个可行性高、安全有效、适合公司实际的岗位竞聘模型，为核心岗位选拔合适的人才。

　　按照研讨会分配任务，人力资源部几位年轻人员立刻开始分头搜集资料和分析数据，截至2016年底，国网渭南供电公司全口径用工4020人，人力资源存量相对丰富。作为大型国有企业，虽然近年来实施了诸多管理体制改革，但相比国内外优秀企业，在人力资源管理理念、机制、手段和方法等方面还存在一定差距，在人才选拔方式和程序上仍存在一些问题：一是组织调配使用较多，公开岗位竞聘机会较少，人才选拔模式单一，大量员工没有机会参与心仪岗位的竞争，产生懈怠情绪，影响工作积极性，队伍逐渐失去活力；二是岗位竞聘笔试题目偏理论，内容陈旧，考核方法机械，题目设计考核方向要素失衡，只能体现员工基础知识和简单技能的表面掌握程度，无法全面考量员工"德、能、勤、绩"等综合能力，更无法深入展现执行力、注意力、思维力、观察力、创造力等隐性能力，不能形成客观、公正的评价结果；三是面试环节设计不够科学，问题比较宽泛，评判标准缺乏量化指标，不能引导面试人员对参与竞聘员工进行全面评价。

　　找准了问题，国网渭南供电公司决定加大岗位竞聘力度，给员工创造参与交流晋升的机会，盘活人力资源存量，让核心岗位选聘到适合的人才。构建科学合理的岗位竞聘人才选拔模型是落实加大岗位竞聘要求的关键。针对不同专业、不同岗位类型、不同层次的竞聘，评价指标应有所区别，各维度评价内容尽量不重复，特殊要求应单独体现，突出人才选拔评价重点，充分做到公平、公正、合理。

　　国网渭南供电公司将所有岗位划分为管理、生产技术、营销、服务四个序列，每一个序列包含多个具体岗位，实现对企业现有职位的"打包"分类，并研究岗位特点和任职资格要求，从核心胜任力、安全胜任力、专业通用胜任力及岗位胜任力四个方面构建竞聘岗位胜任力模型，如图 4-1 所示。

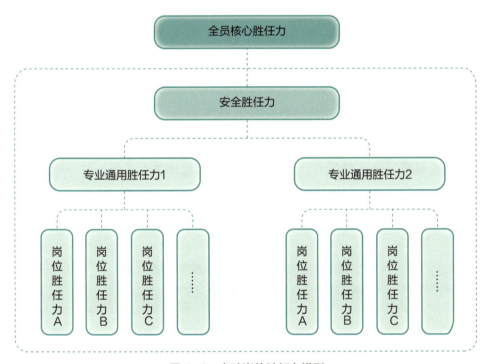

图 4-1　竞聘岗位胜任力模型

　　核心胜任力是根据企业战略、文化确定的全员通用、必备能力，来源于国家电网公司的核心价值观，反映诚信、责任、创新、奉献的基本要求。

　　安全胜任力是根据专业分类特点确定的安全知识、技能、态度、文化等能力。安全胜任力是生产类岗位序列中的第一指标，占较高权重，在非生产管理岗位及服务类岗位中作为次要指标，占有较低权重。评价电力企业员工的安全胜任力要从显性安全胜任力和隐形安全胜任力两个方面入手：显性安全胜任力包含安全技术能力和安全知识能力，可以通过安规考试和工作绩效直接评价；隐形安全胜任力是安全工作认知能力和对复杂作业环境判断、思考、控制的心智能力，可以通过问卷调查、个人问答、测试、谈话等方式获得。

专业胜任力是根据专业序列特点确定的本序列通用能力。借鉴国内外胜任力研究成果作品《胜任力数据库》，根据公司实际，从电力行业知识、基本法律法规、数据收集、分析问题、解决问题、口头沟通、书面沟通、电力专业基础知识、知识分享能力、远见卓识、系统思考、制定决策、建设团队、尊重和培养人才激励实现和影响力、绩效导向等方面，建立公司胜任力数据库，分析每个序列胜任力的重要程度，确定各序列专业胜任力指标。例如，管理序列专业胜任力顺序依次为：公文写作能力、组织能力、沟通能力、决策能力、大局意识等。

岗位胜任力是根据岗位特点确定的岗位专有能力要求，依据《管理岗位手册》制定。以营销部客服岗位为例，岗位胜任力包括95598各类流程规范、问题归纳表达、情绪管理、冲突管理、礼貌用语、行业背景知识、普通话等。

在岗位竞聘中深入应用胜任力模型，必须对每个胜任评价指标进行量化、确定权重。生产类关键岗位安全胜任力作为核心指标，采用一票否决制；财务等关键岗位诚信、安全指标是核心指标，采用一票否决制。以营销部客服岗位为例，胜任力模型应用如表4-1所示。

表4-1　　　　　　　　胜任力模型应用（以营销部客服岗位为例）

胜任力结构	胜任力指标	权重	合格得分
全员核心胜任力 （满分20分）	诚信	5	3
	责任	5	3
	创新	5	3
	奉献	5	3
安全胜任力 （满分3分）	安全生产知识	1	1
	安全操作规程	1	1
	岗位安全操作技能	1	1
	作业现场隐患排查能力	0	0

胜任力结构	胜任力指标	权重	合格得分
安全胜任力（满分3分）	岗位操作稳定性	0	0
	安全操作反应力	0	0
	安全注意力	0	0
	安全生产观察力	0	0
	……	……	……
专业通用胜任力（满分25分）	服务意识	5	3
	沟通能力	5	3
	主动性	4	2
	……	……	……
岗位胜任力（满分40分）	95598各类流程规范	5	3
	普通话	5	3
	情绪管理	5	3
	冲突管理	5	3
	礼貌用语	5	3
	行业背景知识	4	3
	问题归纳表达	4	3
	……	……	……

根据胜任力模型及评价指标，国网渭南供电公司决定采用岗位竞聘方式为调控中心调度值班员岗位选聘3人，竞聘公告发布后，9人应聘报名，通过笔试、结构化面试及评价中心综合评价，对报名人员进行了综合排序，结果如表4-2所示。

表4-2　　　　　　　　　　报名人员评价结果

姓名	全员核心胜任力	安全胜任力	专业通用胜任力	岗位胜任力	综合胜任度	结果
李A	18	33	18	32	101	选拔
李B	19	32	19	29	99	选拔
李C	16	31	18	31	96	选拔
赵D	17	33	16	28	94	
刘E	13	32	16	27	88	

实践案例

姓名	全员核心胜任力	安全胜任力	专业通用胜任力	岗位胜任力	综合胜任度	结果
夏F	15	30	15	27	87	
李G	14	31	15	26	86	
赵H	16	31	17	21	85	
周J	16	28	17	26	0	因安全胜任力不达标否决

按照综合胜任度排序，最终选拔3人。

自胜任力模型建立和应用以来，国网渭南供电公司调整人员岗级235人次，其中调升岗级99人次、调降岗级136人次。胜任力模型的建立让人才选拔评价过程更透明、素质结构更清晰，体现了人员流动、选拔的公平、公开、公正，实现了人员岗级可升可降的动态管理，在流动中实现人得其岗、岗适其人、人岗匹配，核心岗位人员履职能力大幅增强，激发了广大干部员工工作主动性，促进管理层、班组长队伍年轻化、知识化和专业化，人力资源效率效益稳步提升。

单　　位：国网陕西省电力公司渭南供电公司
撰写人：杨福堂、秦福生、李宇峰

双向匹配　构建单位内挂岗选派新机制

2016年9月2日，对于国网上海市电力公司金山供电公司人力资源部员工小西来说是一个值得纪念的日子。这一天，随着挂岗人员伍欢挂岗效果评估的结束，她参与组织实施的办公室秘书专职挂岗选派圆满结束。回想整个过程，依然历历在目。

信心满满，当头一棒

本年度挂岗选派工作于2016年初启动。但是，快到截止时间了，却没有一个部门提交挂岗需求表。小西挨个走访各个部门，却听到了如下的反馈：

"我们部门没有需求！上次挂岗选派来的人一点用也没有……"

"挂岗啊，我们自己人还不够用呢，去了也是白白耽误时间……"

面对部门的零反馈，小西没有轻言放弃。她仔细梳理了部门的抱怨，发现主要是因为以前的挂岗选派没有满足各相关方的需求。

人力资源部及时调整方向，在对利益相关方需求进行充分调研的基础上，对公司挂岗选派机制从选拔程序、过程管控、后评估及激励等方面进行了全方位优化，构建满足各方需求的"双向匹配挂岗选派"新机制。

完善选拔程序，提升选派匹配性。一是以劳动定员测算为基础，计算各部门的缺员率，将缺员率高于公司平均值的部门视为挂岗选派的需求部门，否则作为挂岗选派的派出部门，实现真正意义上的资源平衡、效率提升；二是将部门需求、员工发展意愿的匹配性作为挂岗选派的核心，通过部门发布需求、员工报名后部门推荐的方式提升挂岗选派供需的匹配性。

构建互评机制，提升管控有效性。针对以往挂岗选派过程中挂岗部门与挂岗员工间影响力不对称的现象，构建以月度为周期的互评机制。挂岗部门与挂岗员工每月开展互评，及时纠正挂岗选派过程中的偏差，提升挂岗选派的效果。

优化评估方式，提升评估科学性。针对以往将挂岗总结作为挂岗选派的评估依据、科学性和量化水平不高的问题，建立由公司领导、需求部门、派出部门、人资部等组成的专家团队，对挂岗人员从理念培养、能力提升、培养目标实现程度等方面分别采用答辩、考试、案例等方式进行量化评估，提升评估科学性。

强化激励体系，提升双方积极性。将挂岗选派与派出部门、需求部门负责人的绩效考核、评优评先、发展晋升相挂钩，一方面提升派出部门选派人员的积极性，另一方面督促需求部门加强对挂岗锻炼员工的培养，提升双方参与挂岗选派的积极性。

多方共赢，水到渠成

在新方案获得各方支持并进行充分宣贯的情况下，人力资源部趁热打铁，再次启动挂岗选派工作。

挂岗需求收集及筛选。2月17日，共收到各部门提交的15项挂岗需求。通过计算各部门的缺员率发现无效需求共7项。其余部分报公司办公会审议后，最终确定5个本年度挂岗选派岗位，其中办公室秘书专职率先启动。

挂岗需求公布。2月21日，人力资源部通过公司网站及内部人力资源市场平台，发布办公室秘书专职挂岗锻炼的任职要求、培养方向等。

挂岗员工推荐。挂岗需求公布后，员工报名踊跃，各部门在综合挂岗岗位要求及员工能力、性格匹配的基础上，推荐后备人选5人，分别来自电力调度控制中心、营销部、运维检修部。

挂岗员工筛选。为了提高筛选的科学性，人力资源部组织副总师及办公室、营销部、运维检修部、电力调度控制中心负责人和挂岗申请人员召开协调会，充分沟通派出部门的培养目标、需求部门的培养计划、员工个人职业发展计划。由于培养目标与培养计划不一致，淘汰2人；由于职业生涯发展计划和培养计划不一致，再淘汰2人。最终选择了2011年进公司的武汉大学电工类硕士研究生营销部员工伍欢到办公室挂岗。

　　挂岗过程互评。在挂岗过程中，人力资源部每月组织办公室与挂岗员工伍欢进行互评，并将评估结果反馈至对方。办公室对伍欢的态度、能力、能动性等方面予以评价；伍欢对办公室的机会提供、专业帮助、保障措施等方面予以评价，通过互评，发现办公室分配工作不系统、伍欢公文写作能力待加强等问题，为提升挂岗锻炼效果提供了依据。

　　9 月 2 日，伍欢挂岗锻炼结束，人力资源部组织专家团队对挂岗人员从理念培养、能力提升、培养目标实现程度等方面，分别采用答辩、考试、案例等方法进行量化评估，本次挂岗选派的平均分为 91.5 分。

　　公司办公会对本次挂岗锻炼工作进行了总结，并分别给予派出部门营销部、需求部门办公室的负责人 0.8、0.6 的年度绩效加分。

成效凸显，信心倍增

　　回顾过往的点点滴滴，小西深刻地认识到了内部人力资源市场在优化人力资源配置方面的巨大作用：一是通过将挂岗双方的需求有效融合，提升了派出部门、需求部门和挂岗人员三者之间的匹配度，经调研，三方的挂岗满意度分别增长 16%、22% 和 31%；二是通过构建挂岗过程中的互评机制和后量化评估机制，为挂岗选派提供了纠偏的机会并提升了评估的科学性；三是将挂岗选派作为加分项与挂岗派出部门、需求部门负责人的绩效考核、职位晋升和评优评先相结合，提高了挂岗派出方、需求部门的积极性，提升了双方的责任心。

单　位：国网上海市电力公司金山供电公司

撰写人：卫平波

"三式"援藏 促进帮扶助提升

2016年6月，作为省内唯一一家定点帮扶单位，国网吉林省电力有限公司长春供电公司选派马达、王振坤、王东、赵鹏4名同志，进驻国网西藏定结县供电公司进行定点援藏帮扶，并针对国网定结县供电公司灾后重建、电网薄弱、电费回收症结等实际困难，制定了"亲情式、攻坚式、诊断式"帮扶措施。

"亲情式"帮扶促融合

定结县位于日喀则地区南部、喜马拉雅山北麓，平均海拔4500千米，是西藏自治区边境县之一，总面积5816平方千米，总人口约2.5万人，地广人稀。它下辖11个乡（县辖乡9个、区辖乡2个），81个村民委员会，行政设置和人口相当于吉林省的一个普通乡镇。因该县属喜马拉雅山北麓湖盆区，地势南北高中间低，定结藏语意为"水底长出"。

援藏队员出发前，国网长春供电公司党政主要领导与队员们进行了深入的交流："定结县条件恶劣，而且身处藏区，大家一定要克服困难，把藏族同胞真正当作我们的亲人，把我党的民族政策体现在实处，长春公司就是你们的坚强后盾。"

初到雪域高原，援藏队员充满了好奇和向往。6月3日，队员们在国网定结县供电公司员工的带领下，来到距县城30千米之外的区域查看线路和设备情况，因为地势复杂道路崎岖，队员们只能弃车步行。14时许，就在队员们登山巡线的时候，突然刮起一阵冷风，看上去一片普通的云彩瞬间化作一片乌云，接着便是大雨瓢泼，巡线队员们很快就变成了落汤鸡。因为脚下湿滑，加之气温骤降，空气稀薄，援藏的四名队员被困在山上又冷又怕。国网定结县供电公司员工跑到附近的一个只有10来户人家的小村落，很快领来五六个藏族牧民前来"救援"，费了好大的劲儿才把援藏队员们解救下山。藏族同胞把援藏队员们请到他们家里，献上哈达，煮上香甜的酥油茶，并挽留他们共进晚餐。藏族同胞频频为援藏队员们敬献青稞酒，对他们不远万里来藏援助表示感谢。

这次经历使援藏队员们感受到了藏族同胞改变生活面貌的渴望，内心充满了为藏族同胞奉献力量的决心和斗志。接下来的时间里，他们克服了各种困难，从高原反应的各种不适应，到可以独自轻松地去一千米外的水源打水；从经常煮饭不熟，到可以吃上香喷喷的米饭；从语言不通，到交流顺畅，他们经历了充实而甜蜜的岁月。在这期间藏族同事经常邀请他们到家做客，对他们的生活关心备至，就像一家人一样，有了深厚的感情。

"攻坚式"帮扶夯基础

援藏四人组到达定结县时，既是定结县"灾后重建"建设的攻坚期，也是小城镇建设的高峰期。整个定结县政府所在地江嘎镇处于全面施工状态，国网定结县供电公司需要迁改或新建10千伏线路65.614千米、0.4千伏线路80.748千米、10千伏台区32座、户表4782户，涉及39个行政村。

面对地域广、工程多、人手少、底子薄的多重困局，援藏队员们对电网设备进行摸底，对安全管理状况进行摸查，制订工作计划，从设备台账的建立到电网线路的单线图汇制，再到制订培训计划，结合典型案例、自身的工作经验总结以及违章造成的后果实例对国网定结县供电公司员工们进行培训，并把周例会、周学习引入他们的日常工作中。对连续三个月发行电量数据为零的用户进行了现场与营销档案的普查工作，提高了营销档案与现场的同步。为准确掌握施工现场情况，坚持每日进入生产一线帮助指导工作，及时帮助处理工程上的各类问题，确保不发生任何安全和质量事故，确保线路与设备顺利投运。

在这段时间里，援藏队员们徒步跋涉，跨越雪域高原，巡线560千米，检查变电站63个，行程1300多千米，提出合理化建议21条，各种文字总结材料4万余字。

夯基础有困难，还得找一家人。援藏队员们经过对现场勘查、巡检线路，发现国网定结县供电公司的安全工器具配置相对薄弱，经过与派援单位协调，第一批安全工作帽已经全部交接入库。同时，对安全工器具进行梳理查缺，形成缺少的安全工器具清单，国网长春供电公司定向支援，做好后续安全工器具的援助配置。

挂职国网定结县供电公司副经理的马达说："我们进藏帮扶，就得有扎扎实实的成果，最重要的，就是夯实基础，攻克难题，让国网定结县供电公司的工作上一个台阶，实现我们帮扶的目标。"

"诊断式"帮扶助提升

援藏队员王东任国网定结县供电公司营销部主任，负责营销管理工作。在协助营销经理完成日常工作和各项经营指标的同时，王东还经常与同事们一起交流管理经验，积极研究提质提效的管理办法。王东和他的藏族同事共同制定了多个营销管理制度，涵盖了线损管理、计量管理、业扩工程管理、用电检查管理、合同管理、营销安全管理等多个方面。同时把绩效考核纳入营销管理工作中，实现多劳多得，提高了营销人员工作的积极性和主动性。王东从基础抓起，完善了营销管理台账，对所有表计进行了全面检查，及时更换了故障表 36 块，并将全部预付费 IC 卡表锁表计量故障进行了清除。王东说："我希望尽快把定结公司的营销基础提升上来，我们援藏结束的时候，争取定结公司营销工作有一个新面貌！"

援藏帮扶小组主动请缨开展定结县防洪度汛工作，及时解决容孔水电站运营中出现的技术问题，结合相关事故图片资料和反事故演习、预想，提高了运维人员的风险防范意识。6 月 21 日，容孔水电站、扎西热卡水水电站、陈塘水电站、普村水电站和康孔水电站防汛地段全部排查整改完毕，切实提高了电网设备健康水平，确保电网设备安全稳定运行和电力可靠供应，为安全度汛和迎峰度夏奠定坚实基础。

提升的不仅仅是管理基础，还有实实在在的技术水平。2016 年 8 月 13 日，定结 35 千伏变电站 10 千伏定结线发生故障停运，国网定结县供电公司工作人员经过 1 天的巡视排查，未发现故障原因。针对此种情况，运检副主任普布请求援藏队员给予技术支持。帮扶人员会同国网定结县供电公司运维人员对 35 千伏变电站及 10

千伏线路进行细致排查，发现线路主干分段真空开关操控箱因下雨进水出现故障，导致无法合闸送电。普布说："我们不仅学到了援藏队员严细认真的精神，还提升了员工的技术业务水平，这是我们今后工作中的宝贵财富。"

　　"三式"帮扶仅仅是一个开始。2017 年，国网长春供电公司再次派出三名同志奔赴定结县，他们承载着公司的厚望，融入新的工作与生活氛围，与第一批同志顺利完成交接，承担起新的使命与任务，为援藏工作做出新的贡献。

单　　位：国网吉林省电力有限公司

撰写人：许　　巍、于本夫、马玉鹏、
　　　　　蔺笑冰、刘利平、薛金龙

劳务协作助力藏区发展　川电人走出特色路

　　川藏线上的折多山是进藏第一关，过了折多山就进入青藏高原。"初走这条路时对壮美山川的兴奋和感慨，会逐渐被颠簸路途和漫天扬尘取代。"大巴车上，国网四川省电力公司遂宁明珠公司员工郭美林与同行的罗刚聊着旅途感受。这是返回藏区上班的第几个班次，他们已记不得了，有一点可以肯定，只要看见雪山，离目的地就近了。坐在前排的明珠公司党委书记谢红星静静地听着他们聊天，偶尔插一下话。他此行的目的，是按惯例定期到藏区了解劳务协作人员的生活、工作和思想情况，看望慰问他们。脚下穿越关口的这条天路，打通了关里关外的世界，一头连着文明，一头系着发展；一头牵着责任，一头通向未来。

面临挑战，勇敢亮剑

　　在国网四川省电力公司人力资源部几任主任看来，公司人力资源管理面临最大的困扰就是员工总量多，地域分布不均衡。随着电网规模不断拓展，科技水平不断提高，公司部分单位、个别专业长期以来存在人力资源配置不均衡、结构不合理，超缺员矛盾突出等情况，尤其是甘孜、阿坝等艰苦边远地区单位总体缺员严重，已成为影响公司安全生产和优质服务、制约公司持续健康发展的瓶颈。

　　如何寻找出路、保持发展、开疆拓土？国网四川电力决策层提上议事日程思索。2014年，电力天路建设如火如荼，甘孜州境内大量输变电工程集中投运，运维人员极为紧缺。为确保电力天路正常运行，面向各市州公司大量招募人马，依托内部人力资源市场，进行跨区域人员调配的构想一提出，就得到部分单位的响应。其中超员最多的国网遂宁供电公司抓住机会，表示愿意当省公司推行援藏劳务协作的探索者和先行官，致力于缓解甘孜电网规模不断增大与国网甘孜供电公司运检力量薄弱的矛盾，开创从帮助解决"外忧"到积极化解"内患"的双赢局面。

四大举措，机制保障

郭美林、罗刚就是在那时踏上劳务协作这条路的。下定决心走上这条路并非易事，很多的顾虑和未知曾经困扰着他们。比如，援藏工作对员工自身素质有何要求？加入劳务协作的员工来自不同的岗位，有着不同的工作经历，怎样进行管理？省公司针对协作人员的政策及待遇如何？

到藏区的旅途漫长而寂寥，一行人聊天打发着时光，最让他们关注的话题还是工作与未来。说起目前劳务协作管理的诸多举措，三人打开了话匣子。郭美林说："我认为'预约订单式'很适合目前劳务协作人员调配。输入单位提出需求岗位和上岗条件，输出单位选派员工经省电力医院高原病防治中心体检合格后，由公司优秀专家人才和内训师对协作人员进行针对性和系统性的专业培训，取得岗位准入资格证后才能参加劳务协作。同时，建立定期轮换和人员储备机制的'轮换式'人员管理也很有效，通过开展劳务协作人员选拔，单位组织开展健康体检，预留一定比例和数量的储备人才，每一至两年全部替换一次，在确保劳务协作工作持续开展的同时，既保护了劳务协作人员的身体健康，又促进了员工素质提升，维护了协作队伍的稳定。"郭美林说起来就滔滔不绝。罗刚补充说道："还有'保姆式'后勤保障管理，甘孜公司为我们全力解决就餐、临时住房和交通等困难，遂宁公司积极帮助我们协调解决子女入学、家庭帮扶等问题真的是帮了大忙。今年，我家的小孩入学难题就得到了单位很大的帮助，实实在在解决了员工后顾之忧，很暖人心。"谢红星对协作双方采取"思想动态跟踪"式管理特别推崇，他插话道："协作双方单位双向跟进员工思想动态，全程密切跟踪协作队伍的各种工作动态，实时掌握相关信息，及时上报协作业务进度及队伍思想状况，针对部分情绪波动的员工，逐一分散化解。这种方式非常有效。"

五个统一，规范管理

郭美林回想起当初参加省公司动员会时，省公司领导提出的"五个统一"劳务协作体系：工作目标统一，通过劳务协作方式，致力于从超员单位、超员专业组织专业人员承接缺员单位对应的缺员专业业务，盘活存量，优化配置，全面提升企业运营效率；制度体系统一，省公司统一制定《劳务协作管理实施细则》《内部人力资源市场激励考核管理实施细则》《转岗培训管理实施细则》等系列制度；工作流程统一，对劳务协作需求提出、需求审批、需求应答、协作审批、协议签订、验收评价进行明确，指导工作规范开展；管理要求统一，协作期间，协作人员的人事、工资和保险等关系维持不变，工作安排及工作评价由输入单位负责，人员日常管理及考核评价由输出单位负责，协作人员更换履行规范审批手续，确保管理无缝衔接；待遇标准统一，统一确定援藏劳务协作费用、生活补贴、差旅费等标准，充分发挥薪酬激励作用。如今，这些管理措施都逐一实施，打消了当初的很多顾虑。想到这里，郭美林很是欣慰，对往后的工作信心满满。

协作之路，成长成才

大巴车努力行驶在国道318线上。国道318拥有从成都平原到青藏高原一路惊、险、绝、美、雄、壮胜景，它是援藏协作人员踏过次数最多的一条路，百步九折，跌宕起伏。车上一行人聊得正起劲，郭美林的电话响了，是雅江运维班副班长冯兴武打来的。冯兴武在电话中询问他们走到哪儿了，路上还顺利吗？得到安全顺利的回复，对方挂断了电话。听到亲切的乡音，一股暖意涌上罗刚的心头，他想起刚到高原时，高个儿壮实的他出现强烈的高原反应，同事每天都为他熬粥并端至床前，喝着浓香的米粥，泪水在他的眼眶里表达着感激。他这辈子都不会忘记这份深厚的友情。

工作中，内地员工虽然对高寒地区的艰苦环境深有体会，但相比之下，其间收获的深厚友情和别样人生体会更让他们记忆深刻。罗刚还记得同事刘鸿洋讲起自己的经历时说："甘孜州稻城县，海拔3800米以上。我第一次来到这里，就感受到了高寒、缺氧、辗转难眠。但是，我们也没那么多的休息时间，一到达直接投入了工作。"通过在稻城运维班近两年的积极工作和学习，如今，刘鸿洋对辖区各变电站设备已完全熟悉，能熟练进行PMS录入和维护，独立完成五防开票和新设备的标准化操作。

谢红星的脑海里闪现出冯兴武的面孔，他想起上次进藏调研时冯兴武讲过的援藏体会："除了工作，我们大部分时间都在路上，狭小的运维车是我们第二个家。无论泥泞还是冰雪，一条条窄窄的山路载着我们从一座山脉到另一座山脉，引着我们看尽高原的春花夏叶秋收冬藏。有时藏族同胞会向黄色运维车里的我们笑着挥手，你知道那种感觉吗？那些笑脸会让你觉得一切的辛苦和付出都值得，那就是满满的幸福。"他说自己喜欢在工余时间里看落日余晖给输电铁塔镀上一层金色，一座座铁塔矗立在高原的险峰上，像是哨兵守护着这片高原。质朴的话语下，不难发现一种找到自我展示舞台和参与藏区电网建设的自豪感。

郭美林回想起在雅江运维班工作的王霞曾经在谈到工作体会时说出了自己的心里话："体会最深的是每次去35千伏木绒变电站开展运维工作，藏区的路几乎都是一边靠山一边临崖，开车来去需要大约8个小时左右，路面湿滑，沟壑纵横。某些路段太危险，藏族师傅告诉我们不要系安全带，要有随时跳车的准备……在这种危险时刻支撑大家坚持下去的是高度的责任感和职业操守！"

梅花香自苦寒来，宝剑锋从磨砺出。在劳务协作这个平台上，郭美林迅速成长为国家电网公司优秀专家后备人才、国家电网公司高级兼职内训师、省公司安全生产十大标兵、省公司先进工作者；冯兴武、李军、何丽萍、黄秀蓉先后成长为班组长；杨晓梅被评为国网遂宁供电公司劳动模范。

共谋发展，未来之路

一曲行路难，难在援藏路。勇敢的川电人走出的这条全方位多层次劳务协作之路是充满希望之路。谢红星想到省公司人力资源部主任冯泽亮在援藏工作调研会上的讲话："劳务协作是一种很好的能有效解决超缺员矛盾的配置方式，但目前劳务协作主要采取各单位自愿的方式试行，内地单位仅有国网遂宁、绵阳、资阳供电公司参与了甘孜、阿坝藏区的劳务协作，其他如国网宜宾、自贡供电公司正在开展内地跨地市单位劳务协作，国网德阳、眉山、雅安供电公司等单位在实践内部县公司间劳务协作，下一步我们将进一步加强各类用工一体化管理，充分发挥省公司的主导作用，真正推动公司人力资源跨地区、跨单位、跨专业的科学合理流动，达到事得其人、人适其事、人尽其才、事竞其功的最终目的。随着时间的推移，希望通过大家共同努力，进一步推行全方位多层次劳务协作，壮大援藏劳务协作队伍，切实解决藏区单位缺员矛盾。"这一席话指明了今后工作的方向。

经过一天的颠簸，车终于到站。谢红星、郭美林和罗刚背上行李，向着运维班驻地走去，回味一路走来的甘苦，禁不住感慨，国网四川电力开展的藏区劳务协作，有效缓解了藏区供电单位人才"引进难，留不住、流失快"的现实困难，也契合了中央和四川省对于藏区"促发展、保稳定"的战略决策，得到国家电网公司和各级党委、政府的高度肯定，在藏区群众中产生了正面积极的反响，彰显了高度的社会责任。

援藏劳务协作是国网四川电力解决自身发展走出的特色路，这一路走来，千折百转，细思量没有过不去的关。我们相信一位曾经去藏区体验过生活的电力人说过的话：不论海拔多高，路，总比脚矮一点！

单　位：国网四川省电力公司

撰写人：冯　冰、刘春芳、伍　平

劳务协作进"两所"　盘活存量提效率

2016年11月19日，冀北承德塞罕坝机械林场迎来了今冬第一场大雪。30厘米厚的积雪覆盖了地面，道路上只见一片白茫茫的冰层。在这滴水成冰的天气里，19时坝上度假村美林山庄突然停电，而山庄里有一支刚刚入住的摄影团队，这20多名队员将直面坝上大雪低温的挑战。山庄经理于海祥急得不行，连忙拨打了林场供电所的值班电话。

雪大路滑，供电所人员小心翼翼开车，十几千米的路，他们足足开了四十分钟。到达现场后，供电所人员立即分头查找故障。

二十分钟后，灯亮起来了，锅炉运转起来了，山庄外大雪纷飞，山庄内暖意融融……

创新协同合作，用活存量资源

国网冀北电力有限公司围场县供电公司塞罕坝机械林场供电所和御道口牧场供电所位于河北省最北部的坝上地区，两个供电所原为林场、牧场趸售自管管理模式。按照上级有关管理要求，国网围场县供电公司分别于2013年9月、2014年5月成立了塞罕坝机械林场供电所和御道口牧场供电所，正式接管两场的供电服务业务和设备资产。两场供电所总营业面积2000平方千米，共服务两场4050户电力客户。供电所地处坝上地区，平均海拔1600米，这里地广人稀、气候恶劣，春秋季节检修工作多、防火压力大，夏季旅游高峰期抢修压力大，冬季大雪封山巡视压力大。

"新增了这么大的供电面积，工作条件还那么艰苦，必须想个法子才行。"国网围场县供电公司经理胡海东把大家一起叫来商量对策。

大家积极建言献策："国家电网公司大力推进内部市场建设，提出劳务协作、人才帮扶、挂职锻炼等人员流动方式，鼓励各单位优先从内部盘活存量入手，解决用工需求，我们可以考虑利用供电服务公司，从别的供电所开展劳务协作。"

胡经理十分称赞，说道："这么思考问题就对了，我们应转变思想，不能有'一增业务就要增人'的想法，要把内部人员作用的真正调动起来。"

就这样，国网围场县供电公司在人员紧缺的情况下，打破常规，利用供电服务公司用工，采取跨地域劳务协作的方式创新开展工作，盘活内部人力资源，举各所之力，助新所开局，对供电所人员进行有效补充，保证了接管后营销业务顺畅和服务优质。

建所之前，坝上两场用电是自给粗放型管理，电费电价不规范，客户失电无人过问，维修难度非常大。建所之后，坝上两个供电所配置了1名所长、1名副所长和1名安全员，同时从国网围场县供电公司每个供电所抽调1~2人，视情况每2~3年轮换到两所进行劳务协作，目前共有14名供电服务公司优秀员工到两所进行劳务协作，通过集中上站模式，完成供电所抄表、收费、线路维护和优质服务业务。在全部实现集抄和运用多种收费方式情况下，两所管理更加规范、服务更加优质、职责更加清晰。

人员到位后，两所采取"两个机构、一支队伍"的管理模式，有效缓解了人员不足的矛盾，两所之间既有分工又有合作，主要办公地点在御道口供电所，所长、副所长负责两所的营销业务和设备维护工作，班组人员由所长根据业务量统筹安排到两所办公区负责收费、低压业扩报装业务，抢修人员由两所共用，统筹安排辖区内的抢修任务。

员工艰苦奋斗，企业传递关怀

曾在老窝铺工作了十年的张立军，如今到林场供电所开展劳务协作，负责营业厅业务。因为来往不便，张立军只有周末才能偶尔回一趟家，到了夏季繁忙时候，他在坝上一住就是一个多月。

妻子不理解，经常埋怨："在家门口干得好好的，跑去那么艰苦的地方工作，你们图个啥？"

"我们图的是公司领导对我们的信任，那里的百姓也需要我们。"张立军坚定地说。

国家电网公司为鼓励人员流动，从物质、荣誉等多方面建立了配套的激励制度。国网围场县供电公司结合实际，将有关制度向供电服务公司延伸，由供电服务公司对坝上艰苦边远地区劳务协作的人员给予每人每月600元的劳务协作津贴，还经常通过走访和慰问送去组织的关怀。

加强业务培训，促进业务提升

两场供电所组织开展"每日一问、每月一课（论）、每季一考"活动。"每日一问"由所长主持，在每日班前会或班后会进行，每日学习时间原则上不少于15分钟，通过互动提问，增强大家对安全知识、专业内容的认知度；"每月一课（论）"邀请部室专业技术人员授课，学习相关规定和营销专业知识等，并交流学习体会；"每季一考"即每季度对全所员工进行统一的闭卷考试，邀请县公司营销部负责人和供电所负责人共同监考，考试成绩全所通报，同时严格奖惩，将考试成绩纳入每名人员月度绩效考核中。

"通过集中培训，员工在学习的同时也互相交流各所经验，业务技能得到了提高，更快地掌握新技术和新系统的应用，更重要的是加强了县公司供电所队伍的责任感和凝聚力。"御道口牧场供电所副所长郭浩鑫有感而发。

针对来自不同岗位的供电服务公司用工，定期组织开展岗位技能培训，同时改变培训内容和形式，将原有的岗位专项培训转为"角色互换"式培训，每个员工都要掌握供电所各项业务技能，培养"精一门、会二门、懂三门"的复合型人才。

结合供电所实际需要，针对薄弱环节开展安规、营销知识、登杆和装表接电等业务技能实操培训，特别是组织员工对掌上电力等新型缴费方式和电网头条等电力宣传方式的学习和实践，真正做到与时俱进、新老结合，以最快的方式提升自我。

积极主动履责，确保优质服务

"喂，是供电所吗？我买的电暖器冒烟了可怎么办啊？"一位老人焦急地询问着，两场共产党员服务队队员在对老人家中线路进行检查后，发现线路已经老化，不能承受电暖器用电负荷。考虑到老人的生活情况，服务队员自掏腰包买来导线、漏电保护器、开关，为老人安装好供暖线路。

在共产党员服务队的帮助下，家住机械林场的王会英学会了用掌上电力 APP 交电费："我家住得远，交电费是大难题，现在不出门就可以把电费交了，真方便！"

这只是优质服务工作之中的两件小事，也是团结协作结出的硕果。优质服务是供电企业生存和发展的生命线，牧民们通过讲述他们的用电故事，真实诠释了两场供电所优质服务的节节提升。

两场供电所的成功是国网冀北电力盘活内部人力资源的一个缩影，像这样的案例在张家口、秦皇岛等地的供电所频繁上演，为供电所提供新的管理平台，为员工搭建施展才华的舞台。两场供电所"两所共建、劳务协作"的模式，不仅提高了职工素质和企业美誉度，也实现了人力资源效益的最大化。

单　位：国网冀北电力有限公司
撰写人：冯　硕、王文广、张　洋

保电人员临时借用　保障 G20 峰会顺利进行

　　2016 年 4 月 6 日 17 时，国网浙江省电力公司杭州供电公司 15 楼会议室依旧热闹非凡，二十国集团（G20）杭州峰会保障工作例会和往常一样在这里召开。

　　"这两天我们刚刚摸查了一遍保电岗位缺口，还差好几千人。"运检部崔主任说道，"缺口太大，需要人，问哪里借？怎么借？还需人资部帮助。"

　　"营销这里的排查情况也差不多，主要是高、低压用电检查人员有较大缺口。"营销部张主任坦言。

　　例会上，各专业部门纷纷提出人员支援需求。"大家还有什么需求可以继续提，人员的问题我们一定协调好！"人力资源部宋主任在总结发言时这样表态。

　　尽管在会上打了包票，但深夜来袭，静静躺在床上时，宋主任却陷入焦灼：峰会期间保电值守共需万余人，有近三分之二的人员缺口。这么多人哪里来？后续怎么管理？这么大的会议，人员这个最关键环节可不能出现任何一点闪失。

　　第二天一上班，宋主任就向国网浙江省电力公司黄主任汇报了情况。

　　"G20 杭州峰会供电保障是国网杭州供电公司今年最重要的一项工作，省公司一定会全力支撑。这么大的人员需求，后续又涉及人员管理、指挥和后勤保障等方方面面，只有通过内部人力资源市场，采取人员临时借用的方式才能解决这些问题。"黄主任提出了解决方案。

　　5 月 4 日，国网杭州供电公司正式向省公司提出一份关于 G20 峰会召开期间需要省公司支援值守人员的报告，里面包含保电范围、值守标准、人员测算情况等内容。

　　5 月 27 日，在保电工作领导小组会议上，国网浙江电力总经理肖世杰提出：

举全省之力支援 G20 杭州峰会保电。

6月以来，支援人员陆陆续续入杭，与国网杭州供电公司员工并肩作战，成为 G20 杭州峰会最坚定的电网守卫者。自此，国网浙江电力内最大规模的人员临时借用方案付诸实践，主要包括人员调配、协调指挥、保电保障等三大块工作。

统筹人员调配

自获悉峰会落地杭州以来，国网杭州供电公司主动作为，超前部署，迅速启动组建 G20 峰会保电协调办公室，提前做好三个方面统筹，确保人员到位。

保电办黄主任上任的第一件事就是牵头开展相关情况的摸底测算工作。"保电人员是否足够，是否符合要求是关键所在，必须要了解需要保障的设备、用户与现有人员的情况，详细测算人员需求。"黄主任的想法得到了大家的认同。相关部门人员随即迅速投入到人员、设备清单的编制工作中。

本次 G20 杭州峰会保电共涉及重要保电场馆多达 83 家。为此，国网杭州供电公司多次出门取经，了解借鉴北京 APEC、上海世博会、南京青奥会等重大会议、活动的保供电标准和保电经验，确立了差异化保电设备梳理原则和输变配电值守及巡视要求，由保电办牵头，会同营销、运检、信通三个专业编制保电设备清单，制定保供电值守方案。

随着保电范围的不断调整，随时优化保供电值守方案。经多次测算调整，得出 G20 杭州峰会期间保电值守共需 11518 人。除 3708 人由国网杭州供电公司内部自筹外，剩余 7810 人通过临时借用的方式解决。省公司专家打破专业和层级壁垒，全面融入现场指挥部专业组，最大化发挥专业管理优势和资源调配能力。

按保电实际工作需求，从设备运维、制度标准、工作程序、保电要求等多个维度，科学制订培训实施计划，根据不同对象，确定专项培训方案，并开创性将培训范围延伸至用户电工，实现系统内外管理要求及工作规范性的高度契合。

统筹协调指挥

"仅仅客户侧保电，我们就有 13 个战区，如果没有一个清晰的指挥体系，保电效率将大打折扣。"客户服务组何组长意识到系统响应机制的重要性。为此，他提出：对内，进一步加强各方资源和力量的协同，建立完善沟通对接网络；对外，进一步加强与业主单位联系协调，主动建立政府专报机制，加强政企工作合力。

2月，国网杭州供电公司积极筹建现场指挥部，从值班体系、外部联络、工作机制等方面全面加强组织管理，系统构建扁平高效的指挥作战体系。发文明确各层级职责分工，严格按照"分区负责、分层指挥、集中决策、统筹协调"的原则开展工作。

按照"省市合署、杭州为主"的实体化运作思路，成立电网运行、设备运维、客户服务、安全保卫、信通保障、党群新闻和综合保障等7个专业工作组。各专业组综合考虑保电指挥及非保电范围应急管理，制定科学缜密、精益效率的工作方案，确保整个作战序列环环相扣、贯穿到底。

从决战阶段开始，现场指挥部和下属的应急指挥中心、总值班室、各战区各单位指挥部实行24小时不间断值班制度。在统一搭建的办公区域，按照决战指挥"快速反应、协同高效、规范有序"的作战情景，开展7×24小时集中大办公。

统筹保电保障

6月13日22时，国网杭州供电公司五楼会议室里依然灯火通明。现场指挥部的周例会还在延续，在听完各部门单位的汇报后，指挥长再一次强调，"对保电人员的保障不仅仅是后勤保障，更需要从组织、思想、后勤等方面进行全方位保障。"

随着实战阶段的到来，国网杭州供电公司制定下发了《G20杭州峰会现场指挥部相关机构负责人建议方案》，明确战区、场馆管理模式。

7月初，国网杭州供电公司制定了《关于成立G20杭州峰会保供电临时党组织方案》，随后20个临时党支部在不同专业、不同战区很快组建成立，充分发挥党支部战斗堡垒和党员先锋模范作用，实现保电工作和组织生活双融入，形成峰会保电党员带头、团员突击、人人有责热潮。在这种氛围引领下，用电检查员小王向客户服务第一战区临时党支部书记郑重递交了入党申请书。"为何要在这个时候提交申请？""因为这个时候最能体现党性。"面对疑问，小王用他的实际行动给出了解答。

国网杭州供电公司按照"科学规范、集约高效、保障有力、服务优质"的总体思路，构建一体化、网格化后勤保障体系。在保障本单位保电人员就餐、车辆、医疗的基础上，统筹协调解决全省支援人员的各种需求与实际困难。特别是车辆使用方面，将统一调度和就地指挥相结合，峰会期间车辆使用由各保电值守单位、战区直接指挥。

杭州作为历史文化名城、创新活力之城，今后将承办多种大型政治、经济、商业、文化活动。国网杭州供电公司通过此次G20杭州峰会，进一步完善了重大活动电力保障管理方案、制度、规范和成果，有效实践了内部人力资源市场大规模临时人员借用，实现政府、客户满意度双提升。

单　　位：国网浙江省电力公司

撰写人：黄　　晓、汪　轶、宋　耘、
　　　　钱　英、张　晖

人力资源高效配置　服务"大检修"业务集约

2016 年 6 月 30 日 18 时，国网北京市电力公司海淀供电公司运维检修部上地操作队值长王师傅正在收拾自己的办公用品和个人物品，此次"大检修"深化集约后，按照《国网北京市电力公司关于做好"大检修"深化集约海淀公司人员组织调配工作的通知》要求，他将于 2016 年 7 月 1 日起调去检修公司变电运维东南中心工作。回想起此次工作变动，王师傅感慨万千。

"人随业务走"，确定组织调配方式

按照《国网北京市电力公司"大检修"体系深化建设操作方案》实施内容，国网城近郊供电公司 35 ~ 110 千伏变电设备、国网通州供电公司 35 ~ 110 千伏输变电设备运检业务全部集约至检修公司。此次调整共涉及变电站 323 座，输电线路 1884 千米，在国家电网公司系统内率先实现了 110 千伏及以上输变电设备运检集约管理。通过运检业务深化集约，变电运维专业形成以东南、东北、西南、西北为中心的区域化管控模式，输电与电缆专业逐步形成运检一体化与通道属地化相结合的管控模式，专业化管理水平进一步提高，110 千伏及以上输变电设备专业化检修率达到 100%，专业分区更合理、检修力量更集中、专业调配更高效。

与"大检修"业务深化集约同步，按照"人随业务走"原则，国网北京电力确定了以组织调配的方式将国网城近郊、通州供电公司 110 千伏及以下变电运维岗位长期职工、业务委托用工（国网通州供电公司含输电运维专业用工）以及部分管理人员，划转至检修公司。划转人员为 2015 年末实际在岗人员。划转人员继续从事原区域变电及输电运维业务，岗级随所从事具体业务进行相应调整。划转人员到达法定退休年龄后，退休管理关系可按照自愿原则选择检修公司或原单位安置。为保障业务集约设备安全运行及员工队伍稳定，根据检修公司实际工作需要，从国网城近郊、通州供电公司调配变电专业管理人员6人到检修公司工作。

原则刚性，关怀柔性，情理并济

按照《关于做好公司"大检修"深化集约人员划转工作的通知》要求，6月23日前，国网城近郊、通州供电公司在本单位内部对拟划转人员开展好政策宣传、动员谈话或履行公示手续等维稳工作后，行文报送划转人员名单。划转人数原则上应与2015年末ERP-HR系统中相关数据一致。6月30日前，组织完成相关业务长期职工划转。

6月22日早晨刚上班，国网海淀供电公司运维检修部上地操作队值长王师傅接到通知，下午要参加"大检修"深化集约划转人员动员谈话。虽然早就想到自己会在划转人员名单内，但他心中还是免不了五味杂陈。王师傅在国网海淀供电公司工作已经二十多年了，这里有他的"老朋友"，现在要离开了真是舍不得，新的工作地点离家太远了，习惯了骑车上班的他今后必须要换交通工具了。

6月22日下午，国网海淀供电公司运维检修部大会议室内，公司领导与划转人员面对面进行心理疏导、祝福送行，老书记语重心长地说："老伙计们，按照《国网北京市电力公司'大检修'体系深化建设操作方案》内容，海淀公司35～110千伏变电设备运维检修业务集约至检修公司管理，相关设备设施资产划拨至检修公司，按照'人随业务走'的原则，海淀公司110千伏及以下变电运维岗位职工按照组织调配的方式全部划转至检修公司工作。大家在海淀公司工作有一定年头了，我知道大家舍不得，但人员调配的原则是刚性的，虽然大家离开了海淀公司，但这里还是你们的家，在工作上、生活上遇到困难，海淀公司还是会尽力为大家解决，请大家放心，按照公司的相关政策，退休后大家还可以选择回到海淀公司安置。新的工作地点、新的工作环境肯定会给大家的生活带来不便，但请大家克服困难，服从大局，希望大家能做到'高高兴兴到新岗、就就业业持本行'。"

人员划转筹备期间，国网海淀供电公司秉承"原则刚性，关怀柔性，情理并济"的理念，积极筹备、认真部署。通过制定人员划转方案、开展政策宣传、细化保障措施等，顺利完成了"大检修"深化集约人员划转工作，确保了正式划转后职工队伍稳定，工作不断不乱，业务正常有序运转。

高效配置，成效显著

国网海淀供电公司统筹考虑人力资源实际，编制了深化"三集五大"体系建设机构人员调整方案，相关部门和各单位密切协作，认真落实本部门、本单位职责，积极开展政策解读、宣传引导工作，时刻掌握员工思想动态，制定相应工作方案和应急预案，确保员工队伍稳定。机构调整和人员配置以保障支撑相关业务运转为前提，调整和配置过程中顺利完成工作交接，按需制定应急方案，确保了业务不断不乱，保证了安全生产和经营指标不受影响。

7月1日，王师傅正式到新单位报到，报到第一天就收到了参加专项技术培训的通知。培训形式为规程自学1个月，聘请专家开展公开培训2天；培训内容包括220千伏变电站现场运行规程学习、典型接线方式、倒闸操作要点、事故处理、运行维护注意事项等内容。培训结束后，检修公司组织统一的运维技能考试，检验培训效果，达到岗位上岗要求后方可上岗。

上岗后，王师傅所在的检修公司变电运维东南中心推行了"运行班＋行政班"的运维值班模式，检修公司实现全业务接收的同时，现从事变电设备运检业务的变电运维人员仅为原业务承担人员的67%，进一步达到减员、提质、增效的目的。检修公司人员效率大幅提升，输电人员运检效率由39.54千米／人提升至57.88千米／人，变电人员运检效率由112.88兆伏安／人提升至149.81兆伏安／人，分别提升46%和33%。

单　位：国网北京市电力公司
撰写人：郭　岩

深化"三集五大"体系建设　实现岗位成长成才

2016年3月25日16时30分，国网河北省电力公司保定供电公司新检修基地职工文体中心内济济一堂，座无虚席，运检分部员工欢迎会正在这里举行。近500名员工齐聚一堂，精神抖擞，他们有的来自公司本部，有的来自县公司，虽然岗位不同、经历不同，但却有一个共同的目标，那就是扛起肩上的责任，把运检分部建设好，为公司发展贡献力量。

集约融合工作首要任务是建设三个运检分部，其中解决"人"的问题尤为关键。为确保建设任务扎实稳步推进，国网保定供电公司超前摸排运检、物资、信通专业人员配置现状，主动打破以往"人随业务走"的旧模式，在综合考虑35千伏业务特点、人员素质结构的基础上，创新采取组织调配和岗位竞聘相结合的"1+1"新模式，实现了人力资源最优配置。

优化组织调配，实现技能人员顺利划转

"改革涉及人员变动和工作地点迁移，从繁华的都市到相对偏远的县域工作，离家那么远，交通和后勤保障怎么办？如何能在深化"三集五大"体系建设中发挥自己的才能和优势，达到与公司的'双赢'？"这是员工思考和谈论最多的问题。

为了打消员工顾虑，国网保定供电公司通过走访交流、调查问卷等多种形式开展思想动态调研，主动贴近员工，听取建议，了解心声；通过召开会议、印制宣传手册、开设专题网站、制作宣传展板，全方面、多角度地将这次改革的目的、意义及分部建设、员工后勤保障等内容传达到相关人员。通过宣传发动，员工的顾虑消

除了，积极踊跃参与到改革中，为改革有序推进营造了良好的氛围。

在组织调配实施过程中，国网保定供电公司坚持"促进机制高效运转和员工个人职业发展"相结合的双赢理念，统筹设计人员组织调配方案。结合检修、输电、运维三大专业特点、工作性质，综合考虑员工个人专业特长、学历、能力和发展潜力，对现有人员进行优化组合，改变传统"一刀切"模式，以"以人为本、人适其岗"为前提，分专业制定各具特色的组织调配原则。

检修专业调配原则：选派经验丰富、能发挥传帮带作用的中坚力量。一是从专业班组按照现有安全员、技术员、副班长的顺序选派一人调配至分部；二是从工作年限三年以上，具备"三种人"资格的优秀青工中，按照年龄由小到大排序选派至分部，核心人员数量满足运检分部班组建制需求。

输电专业调配原则：综合考虑班组运维设备区域变化，采取班组整建制划转的方式开展组织调配，补齐分部班组核心人员。

运维专业调配原则：按照运维业务特点，一是部分班组整建制划入分部；二是运检部本部重新组建两个220千伏运维班，班组成员应具备技师及以上资格，副值根据实际工作水平，放宽至高级工，被抽调班组以原班组实际在岗人数按比例抽调，从每一个被抽调班组选出一名最年轻的值长，正值、副值均按年龄由小到大选取，直至选够抽调人数。

人性化的人员配置策略得到了积极响应，广大员工坚决服从组织决定，以实际行动表达了投身改革、勇挑重担的信心和勇气，表达了"我要投身改革做尖兵"的壮志豪情。

有着23年基层工作经验的小皮，从原来的安全员调任到现在的安新分部检修二班班长，虽然岗位只变动了一个层级，但需要承担的责任和压力却大了许多，他说："刚得到任命通知时，一宿没睡好，满脑子都在想以后该怎么干、怎么把队伍带好、怎么把分部建设好；也琢磨了好多，比如短、中、长期相结合的培训机制，以及班组成员'三知五会'等等。"对于班组管理，小皮显然有着自己成熟的想法。

变电检修室小马，在此次组织调配中更是主动请缨到分部工作。"我知道运检分部的条件相对差了些，工作任务也重了些，但经过公司的教育和启发，特别是了解到咱们是国家电网公司的试点单位，能够亲身参与这样的改革，我感到特别光荣，眼前这些困难不算啥！"朴实的话语道出了广大员工投身改革做尖兵的坚定决心。

差异化组织调配方式的组合应用，既满足了专业工作需求，又畅通了员工成长渠道。公司干部员工上下同欲，保障了试点工作顺利有序地进行。

实施岗位竞聘，从严从紧科学配置人员

"改革中，员工最在意的还是公平。"国网保定供电公司人力资源部主任介绍，"在招聘环节，我们坚持'从严从紧＋公开透明'，整个招聘活动委托第三方执行。招聘结束后，对分数有异议的，可以在公司纪委监督下进行试卷查阅。"

运检分部人员岗位竞聘有序进行……

实行人员冻结，明确招聘范围。按照"人员变动幅度最小化，人岗匹配最大化"的原则，确定"干过的、学过的"两条线招聘路径，同时下达"人事关系冻结令"，以避免人为发生临时调动，维护招聘的公正性。

划定招录上限，确保配置均衡。充分参考各县公司人员承载能力、超缺员情况、薪酬水平，结合运检分部的地理位置及人员流动意愿等情况，按照"从严从紧"的原则，为各县公司设定招录人数上限，确保招聘指标不浪费，县公司流出人数可控、在控。以国网阜平县供电公司为例，其地处边远山区，员工较少，人员配置率低，为确保公司安全生产秩序不受较大影响，为其拟定运维、检修类专业招录人数上限分别为2人、4人，避免人才过多流失。以国网清苑县供电公司为例，2015年底人员配置率为152%，处于总量超员状态，为其拟定运维、检修类专业招录人数上限分别为4人、11人。

实施岗位竞聘，选拔优秀人才。本着"公平、透明、公开"的原则，采取"委托有资质、高信誉的第三方咨询公司，人资部、监察部全程监督"的方式，确保招聘工作公平公正进行。

最终，270余名员工竞聘至运检分部技术及技能岗位，一支精干高效、技术过硬，招之即来、来之能战的员工队伍迅速集结而成。

变电检修室二次检修一班张班长是竞聘到运检分部的"幸运儿"之一。"已经是班长了，怎么还要参加竞聘？"面对大家的疑惑，张班长目光笃定："这次改革是公司每一名干部员工的荣耀，作为班长，更应该发挥好带头示范作用，积极投身

改革，作推动公司改革发展的尖兵。"

同样来自变电检修室的小王，也参加了竞岗考试。作为国家电网公司2015年GIS带电检测技能竞赛个人第5名和国家电网公司技术能手荣誉称号获得者，为什么要放弃熟悉的岗位到陌生的运检分部工作？对此，小王有着自己的理解和期望："到分部工作，是不小的挑战，但我还年轻，应该接受挑战，将自己的专业知识传授给更多的人，为培养一支高水平、高素质的带电检测队伍做贡献。"

正是这样一些朴实员工的积极参与和大力支持，为改革的深入推进注入了不竭动力。

激活内部市场，上下求索卓有成效

在涉及人员众多的大规模组织调配工作中，国网保定供电公司客观分析了形势，提前预判风险，紧扣内部人力资源市场"统筹规范、流动有序"原则，通过创新和细化各项操作流程，采取针对性的防控以及激励保障措施，支撑改革顺利完成。

通过通畅市县公司间人力资源配置路径，260名县公司员工竞聘到市公司运检分部的技能岗位，实现高层次、大范围的人员流动，促进了人力资源的优化配置和高效利用，市公司总体人员配置率由98.4%压降至86.8%，县公司长期职工数量压降2.6%，市县公司干部职数保持零增长。

通过"1+1"人员配置方式，运检分部成功凝聚了综合素质较高的年轻队伍。新成立的运检分部员工平均年龄36.3岁，30～40岁人员占比近70%；大学专科及以上学历人员占比75%以上，必将成为将来工作中的中流砥柱。

单　位：国网河北省电力公司

撰写人：高　岩、陈铁雷、王晓红、

徐　磊、田　叶、张旭风

完善转岗退出机制　持续提升公司活力

2016年1月8日15时，许继集团有限公司营销服务中心会议室，气氛严肃而紧张，2016年转岗工作讨论会正在进行中。人力资源部负责人王斌汇报了年度员工转岗退出工作方案，方案涉及转岗退出人员情况、转岗培训、培训考核、双向选择竞聘上岗、解除劳动合同等细节。

转岗工作讨论会常态化运作，是总结过去、迈入新年的一种仪式。对于流程、内容，大家早已了然于心，但是，每次讨论，大家仍然保持着一贯的慎重和严谨，对方案细节进一步完善。每个人都深刻理解会议的意义，对于员工，这意味着一次职业的重新选择；对于企业，这意味着员工队伍的一次更新的整装待发、一次瘦身健体的全新出击。

坚持业绩导向，客观公正确定转岗人员

转岗退出人员名单依据员工绩效考核结果确定，上年考核为 D 的调整岗位、降低薪酬，连续两年考核为 D 的解除劳动合同（许继集团于1985年开展"人事、劳动、分配"三项制度改革，严格按照绩效考核结果开展员工转岗退出管理，下一步将严格按照国家电网公司内部人力资源市场管理制度开展员工退出管理工作）。这份名单，将改变一些人的职业轨迹，甚至命运。科学公平的绩效考核是转岗退出工作的根基，决定其信度和效力。营销服务中心扎实推进全员绩效管理，每个衡量标准都沟通一致，每个绩效环节都落实到位，每次绩效评价都有理有据。

绩效目标管理，签订责任书一般在年初完成，实际上在上年年底就已经形成雏

形。集团经营指标分解下达到营销服务中心，营销服务中心自我加压，设定更高的挑战目标，千斤重担通过 KPI 指标的形式分解到各省区，省区经理与员工一一沟通，对指标、目标值、评价标准达成一致，共同签订《年度业绩承诺书》。

绩效过程管理，工作日志、周报、月总结记录下每个工作的足迹，报告着进步、挫折、教训、经验和思考。省区经理和团队保持着紧密的联系，肯定、鼓励、指导、督促……一次次绩效沟通见证着大家的工作历程。如何在残酷的市场竞争中扎稳根基，为集团战略发展开疆拓土，营销服务中心深知肩负责任之重大。特别是在如今大营销体系整合运作的模式下，营销人从单一产品销售到系列产品及整体解决方案营销，面临着更大的挑战。大营销平台将大家汇聚在同一个赛场中，规则公开、业绩透明，大家都攒着一股不服输的劲，"不进步就是退步"成了大家的口头禅。在队伍大踏步向前的时候，还是会有人掉队。

转岗退出工作中，人力资源部是组织者、辅导员、裁判员。王斌忙坏了，指导省区经理开展绩效考核，辅导绩效沟通技巧。转岗退出人员名单报来后，他又成了裁判员，核查人员绩效结果、绩效考核过程记录，与各部门沟通确认人员效率、人员业绩情况。最终，确定 29 名转岗退出人员。

培训再上岗，适应新岗再获成长动力

"去年几次考核，我的情况不太好，我知道今年可能工作会有调整。王总告诉我，今年我有可能做管理辅助工作，我做营销十几年了，无法想象那种条条框框的工作环境，我完全没有准备好……"在人力资源部调研的时候，老销售刘江表达了他的顾虑和不安。

像刘江这样的人员并非少数，同样岗位的长时间工作，能把人雕琢成为领域的专家，也能让人变成守旧的卫道士，就像他掌握的工具只是一把锤子的时候，他会把所有的东西都当成钉子，完全忽略环境的变化，丧失曾经的优势。这个时候，需要有一种外力，推着他们去挖掘自己的优势、树立适应变化的信心、重新获得职业的成长。

为了帮助转岗员工快速提升，回归团队，人力资源部在确定转岗名单的同时，就开始了转岗培训设计工作，培训内容涵盖岗位知识、营销技巧、自我修炼等。岗位知识培训，主要讲授新岗位主要工作职责、流程规范等；营销技巧培训，讲授高效自我管理、营销案例等课程，提升个人营销技能；自我修炼培训，主要通过座谈及每天的成长心得分享等方式，帮助学员逐步消除负面情绪，打造阳光心态。培训结束，根据课堂表现、课程测试情况进行评价，培训合格人员，人力资源部向其推荐新的工作岗位，组织用人部门面试，双向选择。

刘江的新岗位是合同管理，负责合同执行跟进，需要经常与集团内部相关单位沟通协调生产、服务。凭借着多年与客户沟通的经验，以及常年积累的与内部单位的良好关系，经过一个多月的适应，他较好地进入了工作角色，在新岗位又找回了信心与激情。

关注员工感受，用真心化解转岗清退矛盾

营销服务中心照顾员工感受，维护着员工的尊严，转岗退出人员名单只有相关人员知悉。团队主管也不希望队员掉队，希望通过转岗对员工的触动，促使他积极奋进，重归团队。张明从事营销工作已有5年，在公司近两年的业绩排名中，张明基本都排名垫底。第一年，按照员工转岗退出工作要求，张明参加了公司组织的培训，希望通过双向选择换一个工作环境，但是面试了两个部门，都未通过。他的老领导刘主管理解他的难处，主动找他谈心，从家里情况谈到他的工作打算，推心置腹的谈话融化了张明心中的块垒。刘主管和人力资源部沟通后，张明回到团队，岗位从客户经理调整到销售助理。

第二年刚开始，张明主动开发信息，协助维护客户关系，工作表现积极，但是没有多久，工作又开始松懈了。刘主管发现苗头不对，多次和张明沟通，收效甚微。临近年底，张明主动对刘主管说："刘总，我感觉这几年挺对不住大家的，老是在业绩上给团队拖后腿，对于今年的结果，我也有心理准备了。"

王斌在与刘主管了解完张明工作与个人情况后，与张明进行了沟通，刚开始张明并不想多说什么，但对于业绩考核D的结果，他也并无异议。当王斌提及家庭情况后，张明沉默良久，蹦出来三个字"谢谢您"。最后，张明提出办理辞职，在解除劳动合同协议书上签字。

根植创新基因，众志成城打造卓越团队

上述营销服务中心的工作，是许继集团各单位员工转岗退出管理工作的组成部分。早在 20 世纪 80 年代，在国有企业还在计划经济阴影笼罩下中踟蹰不前的时候，许继集团紧紧抓住改革开放的机遇，坚持"自我否定、自我加压、自我完善、快速发展"，率先进行劳动用工机制创新，实行岗位聘约制、竞争上岗和比例淘汰，打破了国有企业职工"铁饭碗"，给集团快速发展注入了全新的活力。"只有建立择优汰劣的竞争激励机制，使员工有一定的压力，具有足够的人员流动率和淘汰率，人员有进有出，员工队伍才能保持活力"，企业死亡线理论深植人心，为员工转岗退出工作奠定了坚实的文化基础。

许继集团健全以季度为周期的绩效管理循环，采用日志、周计划及总结、月度计划及总结的方式对员工绩效过程进行管控。研发类岗位采用项目制考核，营销类岗位采用赛马制考核，管理类岗位采用任务制考核，生产类岗位采用计件制考核。为提升绩效管理水平，集团加强绩效专责、绩效经理两类关键群体的培训和提升。绩效专责队伍建设方面，建立全员绩效管理学习班，分批次系统提升各单位绩效专责业务能力；成立课题组、专家咨询团等培养专家型绩效专责；编制问答手册、梳理流程，指导绩效专责有效开展工作。绩效经理技能提升方面，聘请外部绩效管理专家分期、分批培训，提升其绩效管理能力；通过组织培训交流、业务普训提升其对制度的认知度和业务操作能力；通过编制绩效经理人手册、绩效管理典型案例、绩效管理经验汇编等方式提供具体的指导和参考。

2016 年，许继集团 471 人纳入转岗，其中解除劳动合同 241 人。完善人员退出机制和动态优化管理，传递鼓励价值创造、业绩导向的文化理念，形成了良性竞争淘汰的用工环境，促使员工"比学赶超"，激活人力资源存量中的"沉淀层"，保持队伍创新创造的活力。

单　位：许继集团有限公司

撰写人：白红菊、于国彦、李　华、
　　　　叶　丽、宋　辉

强化考核　切实提升退二线人员管理水平

退二线干部管理工作不仅是干部管理的重点，更是人力资源管理的难点。建设"三集五大"体系以来，国网安徽省电力公司铜陵供电公司整体上退二线人员数量仍有增加，而管理岗位职数不断精简。如何用好退二线干部，使其退有所用、退而不休，这是我们一直在努力研究解决的重要课题。以下摘录了一位地市公司人力资源部副主任的几段工作日记，通过日记，我们能够感受到他们的思索、开拓与执着，希望对其他单位有所借鉴和帮助。

认清形势，勇于担当，开拓退二线管理新思路

到人力资源部已经满一个月了，当得知我将被调到人力资源部担任副主任一职，主要协助主任进行干部管理工作时，我的心情很复杂。我深知人力资源管理是一门理论与实践兼备的管理工作，而这两点我都有所欠缺。要做好新的工作，必须从头做起，既要不断学习人力资源管理各项法律法规和国家电网公司的规章制度；又要强化调查研究，在实践中掌握干部队伍的各项基本情况，落实各项干部管理规定，促进各项要求落地。公司干部队伍的基本情况不容乐观，干部队伍年龄结构老化严重，虽然目前退二线干部仅5人，但整体上科级干部平均年龄已超48岁。未来5年内，将有30多名现职干部退居二线，占比超50%。一方面我们须在短时间内培养足够多的优秀后备干部，确保各项工作平稳交接；另一方面，如何强化对这些退二线干部的各项管理，切实做到提升用工效益效率，最大限度发挥退二线干部的价值，使他们为企业未来的发展继续贡献智慧和才能，这是一个重要课题。现有

制度对于退二线干部管理是有要求的，如"参与企业重大课题研究""为企业发展建言献策"等，但如何将这些管理要求在实践中落实仍是一个难题。另外，对退二线干部的个人绩效考核也难有可量化的标准和依据。我将想法向公司领导进行了汇报，得到了两位领导的一致认同。两位领导建议我继续沿着"明确退二线干部工作职责、利用绩效管理强化对退二线干部考核"两条主线进行思考，同时提醒我"对退二线干部的管理要体现'以人为本'的管理理念，要体现出企业对他们的关爱"。我决心以退二线干部管理为突破，推动公司干部管理不断前进。

认真调研，倾听诉求，多方努力拓展新局面

　　这个月安排了两次对退二线干部的现场调研工作，公司领导给予了大力支持，彰显了公司领导对退二线干部管理工作的决心。五位退二线干部、近三年内即将退二线的干部和部分职工代表参加了会议。与会人员围绕退二线干部管理的方方面面畅所欲言，反映了退二线干部的一些思想状况。如在日常工作安排上，一方面在职的部门领导不好意思给老领导安排工作，怕安排不好老领导不乐意；另一方面，退二线干部并不安于无所事事，想干事，尤其是对公司的一些重点工作有建议也有想法，但顾虑到已经退二线，不方便再去"指手画脚"，怕影响现有领导的威信和工作安排。在绩效管理上，大家都认为不应搞一刀切，应根据公平、公正原则，根据每个人年度完成的具体工作等进行量化考核。会上，两位公司领导谈了自己的想法：退二线干部是企业的财富，各部门要根据年度重点工作和重点绩效指标，为退二线干部制定需要完成的重点任务，要在"实"字上下功夫，即工作职责要实、绩效管理要实、日常考勤要实，退二线干部的收入要和个人绩效紧密挂钩。要进一步解放思想，无论是退二线干部还是所属部门，工作都要凭着一颗"公心"，不要有过多顾忌，退二线干部要为普通职工树立榜样。

　　通过这两次现场调研和几次与临退二线人员的个别谈话，我基本摸清了退二线干部们的所思、所虑，基本明确了加强退二线干部管理的基本思路：一方面按照公司领导要求的"工作职责要实、绩效管理要实、日常考勤要实"，制定细化工作措施，结合绩效合约签订、岗位工作职责制定等具体工作，指导各部门为退二线干部制定详细的工作内容和考核标准；另一方面积极组织和引导退二线干部参与企业各

项非常态化的重点工作，如编制各类规划、创建评优、导师带徒、管理创新等课题编写等，尊重退二线干部自由选择的权利，为他们继续提供可施展的舞台。

创新思路，尊重意愿，积极为退二线干部搭建平台

这半个月的主要工作是管理岗位竞聘，今天基本告一段落。上个月总经理办公会上做出了开展本年度管理、技术岗位竞聘的工作部署，我在会上提出了在过程监督、笔试、面试方面邀请部分退二线干部参加的建议，得到了领导的认可。相比以往的管理岗位竞聘，增加了两位退二线干部作为工作小组成员，但我觉得这一变化意义重大，这是人力资源部围绕"主动作为，为退二线干部发挥才能主动搭建舞台"这一工作思路上的一次创新。受邀请的干部积极响应，也为其他部门做了一个好的表率。每个部门都可以根据自己的工作特点和任务需求，积极为退二线干部安排他们愿意干、可以干的具体工作任务，要从"为退二线干部服务"的角度为他们积极寻找工作机会，让退二线干部有事做。这不仅是一项工作要求，更是我们企业对退二线人员的一种态度：企业需要你们，你们的努力对企业至关重要！

结合实际，抓住机会，不断明确工作职责和考核标准

今天下午我参加了部门组织的"五位一体"全要素比对的培训工作，根据安排这项工作须全员培训、全员完成比对。共培训四轮，第一轮是机关本部全体人员，在培训会场上我碰到了方天明主任（发策部退二线干部）、林全根主任（离退休中心退二线干部）等几位老同志，看到他们也来积极参加这项工作我很高兴。这两年来，我们为加强离退休管理开展的各项工作有了明显成效，林主任眼睛老花得厉害，但是当我看到他跟着讲台上的培训节奏在网页中认真搜索时，我真想为这些老领导们点赞。

由于"五位一体"的特殊要求，每位员工都必须有"职责、流程、制度、标准和考核"，但由于退二线干部的特殊性，系统里的岗位并不能和退二线干部的实际工作情况准确匹配。在请示省公司人力资源部后，我们利用这次机会召开了一次会议，主要就是让退二线人员根据"五位一体"体系建设要求，制定自己的"职责、流程、

制度、标准和考核"。过程很顺利，经过两轮的修订，每位退二线领导都根据自己的特长和工作经历编写了有个人特色、有实际内容的工作内容、职责和考核标准。在培训现场，有些老同志对于自己没有明确的流程还提出了要求，对于自己职责和系统有不同的地方或者没有覆盖的地方进行了认真的询问，"想干事、会干事"是我对这些老同志们最重要的认识。我想，退二线干部管理并不是不可触碰的管理禁区，关键在于要有推进这项工作的勇气。各责任部门要开动脑筋，要拿出开创性措施，单位、部门及各位退二线领导们共同努力，定能开创退二线管理工作的新局面。

注重公平，创新考核，强化绩效对退二线干部的引领

年关将近，各部门工作更加繁忙，人力资源部也不例外，这半个月最重要的工作就是完成年底全员绩效考核工作。作为机关一名支部书记，我主要负责组织机关一支部所辖几个部门的员工绩效考核工作。与往年不同，今年将退二线干部作为一般管理岗位员工放在一起进行考核，不像以往将退二线干部都交给公司领导进行评价。虽然退二线干部目前人数并不多，但给员工传递的意义却大不相同，"收入凭贡献、岗位靠能力"不仅仅适用于普通员工，也适用于退二线干部。机关管理岗位一直采用"月度绩效 × 系数 + 年终一次性评价 × 系数"的考核模式，而核心就是每位员工按所属机关支部进行年度公开述职，并由其他员工进行现场评价。为搞好这次绩效考评述职，我前期和几位退二线老同志进行了几次沟通，心里还是有底的，从交给我的绩效自评内容来看，这些老同志围绕公司各项工作全年开展了不少具体的工作，每项工作内容都非常详细，时间、地点、工作过程、工作意义等一应俱全。有的老同志参加了乡镇供电所星级创建自查工作，多次深入供电所进行指导；有的老同志多次代表工作与市政府相关部门沟通，协调线路走廊问题；有的老同志多次参与指导基层班组 QC 创作，并获得省公司的名次等。从这些退二线干部提交的材料来看，就是四个字：朝气蓬勃。从现场来看，老同志的绩效述职报告得到了普通员工的高度认可，不少员工对于公司组织退二线领导和普通员工一起进行绩效述职和现场打分也感到意外，觉得公司确实在强化退二线干部管理，体现了公平、公正的绩效管理原则，非常拥护。我想，绩效管理作为人力资源管理的核心，不但体现的是公平，更是一种激励，退二线干部的绩效要做好，一定要有创

新，要领会全员绩效管理的真意，并将之融会于退二线干部管理之中。

着眼未来，不断开拓，推动退二线管理迈上新台阶

今天部门组织集中学习国家电网公司新颁布的内部人力资源市场 10 项制度，两个县公司和集体企业的人力资源管理人员都过来参加。虽然只是分管干部管理工作，但这两年来，对于内部市场我已非常熟悉了。它开创性将原有的岗位竞聘、挂职锻炼、人才帮扶、临时借用等进行整合，提炼出一整套完整、高度融合的人员流动模式，并利用内部市场平台进行系统化管理和监控，是公司系统对员工流动管理的一项重要创举，是我们今后在进行人员流动时必须首先遵守的基本制度。

让我欣慰的是，我们前期进行的退二线管理所采取的措施方向是正确的，但也看到了一些重大变化。如进一步明确了退二线的年龄要求，不能一刀切；明确了不得新增科级以下人员退二线，即县公司股级干部不属于退二线范畴。如何在确保稳定的前提下转变机制，保持现有队伍活力，需要进一步深入研究等。

作为地市公司，我们的工作又站到了执行国家电网公司内部市场 10 项通用制度的新起点上，要结合制度要求，进行全员宣传和培训，要根据文件精神为每位退二线干部落实具体工作职责，制定可操作的工作考核标准，为退二线干部继续发挥才能智慧搭建平台。"雄关漫道真如铁，而今迈步从头越"，我从制度中读到了我们人力资源管理人员沉甸甸的责任。

单　位：国网安徽省电力公司铜陵供电公司
撰写人：蔡　磊

实施集抄转岗培训 提升劳动用工效率

地区经济的快速发展、用电户数的逐年增加以及优质服务的持续提升，对公司营销抄催工作提出了更高的要求。随着远程集抄技术的广泛应用，传统的人工抄表模式弊端显现，存在人力物力消耗巨大、用工需求逐年增加、估抄漏抄错抄普遍和营销服务风险突出等问题。与此同时，原来的人工抄表管理模式已不能满足远程集抄工作方式的要求，为了优化业务流程、明确管理职责、提升用工效率，国网重庆市电力公司市区供电分公司决定实施抄表采集业务融合，并对原有组织架构进行调整。营销部下属各车间按要求开展抄表人员转岗采集运维工作，转岗后将负责承担属地化的采集运维工作。

工作调整，势在必行

随着业务融合工作的推进，抄催班的 6 名抄表人员陆续转岗到采集运维班，而最后分来班组的同事竟然是装表接电班 45 岁的复转军人李军。老李从事装表接电工作 20 余年，近两年随着年龄的增长，对工作变得推三阻四起来，班长索性安排他专职负责表计信息录入等班组内勤工作。

"老李，你咋到采集运维来了？"班组成员小吴主动问到。"哎，别提了，前段时间公司搞岗位胜任能力考试，我的理论和实操成绩都不及格，被考核降一岗三个月不说，还被认定为未达到岗位能力要求，直接就把我调到这来了，也没征求我的意见！"老李不停抱怨着，"一来我对集抄技术一窍不通，如今要从零学起，我这心里完全没底；二来学习内容这么多，我学历低，归纳总结能力差，怎么可能学得会嘛；三是我之前只负责班组内勤工作，很久没接触现场设备了，安全风险太大！'""别担心，老李，我听说公司要搞转岗培训，与以往'大锅饭'式培训不同，这次培训更具针对性，不仅有系统性的理论培训，还有实用性的岗位见习，连授课教师都是精心挑选，肯定没问题！"小吴立刻安慰起老李。

转岗培训，收获信心

为确保转岗人员快速胜任新岗位工作，人力资源部组织营销部对转岗人员的年龄结构、文化程度和技能水平进行了深入分析和探讨，以"实用实效，各有侧重"为原则，科学合理地制定了转岗培训方案，并于5月正式启动转岗培训工作。

此次培训共计3个月，分为理论培训、跟班实习和岗位见习三个阶段。理论培训主要包括转岗政策宣贯、电工基础知识、采集运维基本原理和典型案例分析等；跟班实习阶段，由指导老师进行一对一帮扶，掌握采集运维工作要领；岗位见习阶段，通过对现场工作情况的跟踪反馈，实现理论与实际的结合。对通过转岗培训考核者，将兑现师徒结对奖励，对转岗培训考核不合格者，将纳入月度绩效考核。

电工基础及采集知识培训。在为期一周的培训中，采集运维专家乐老师从转岗工作的目的和意义入手对相关政策进行了宣贯，同时结合多年来的授课经验，采取"一培训，二抽问，三考试"方式（即当天组织专题培训，次日进行现场抽问或随堂测试，培训结束开展集中考试），由浅入深地为学员讲解了电工基础知识、供用电常识、采集运维基本原理和典型案例分析等内容，让培训学员对采集运维工作有了较为全面的了解和认识。

电力安全工作规程培训。"安全无小事，大家搭接电源前，务必带好防护用具，否则极有可能出大事，就拿2001年发生在××变电站的那起事故来说吧……"兼职教师庞工从事安监工作30余年，他将枯燥无味的安全工作规程与典型事故案例相结合，让培训学员不仅知其然，且知其所以然，真正掌握了安全生产工作要领。三天的培训时间虽然短暂，但可喜的是大家都顺利通过安全规程考试，取得上岗资格。

台区表计主站系统培训。为使每位学员熟练掌握台区表计主站参数设置和远程操作流程，营销部将培训内容作为实操考试的必考内容，同时，在一周的培训过程中采取"全面培训，自行演练，逐一检验"的培训考评模式，让每位学员掌握了操作技巧，达到了预期目标。

采集运维跟班实习。理论培训结束后，学员们统一来到营销部采集运维班，在这里，营销部培训专责曾老师给每位学员指派了一名指导老师，并当场签订培训协议，协议中明确了跟班实习1个月的培训目标、工作计划和考核办法："培训期结束后，徒弟应能准确判断表计无法采集或者采集数据出错的原因，并对故障设备进行更换，对于未达到培训目标者，公司将顺延师带徒时间并纳入月度绩效考核。"通过跟班实习和师徒结对，大部分学员都已初步掌握了岗位实操技能，其中也包括态度端正、认真学习的老李。

采集运维岗位见习。在一个月的岗位见习期内，营销部采取个人自学、现场实习和强化培训方式，不断提升转岗人员的岗位胜任能力。培训学员通过网络大学平台、课外交流探讨和指导老师答疑等进行常见问题处理和典型台区分析的学习，营销部通过现场实操表现结合老师反馈意见对学员技能现状进行客观评价，对未能达到培训既定目标者由采集运维专家和指导老师共同制订强化培训计划，并结合工作现场对其进行针对性的培训和指导，以此确保培训学员达到岗位工作要求。

后续评估，成效显著

2016年9月，人力资源部组织对45名采集运维转岗人员进行了考核评估，成效显著：有41人考核合格，具备采集运维上岗资格，占总人数的91%，公司根据方案兑现了师徒结对奖励；有4人考核不合格，不具备采集运维上岗资格，直接纳入第二轮培训学习，同时公司根据方案兑现了月度绩效考核。当考试结果公布，得知自己通过了考核，老李顿时乐得合不拢嘴。2016年11月，小吴正式提拔为采集运维班班长，在他的指导帮助和带动下，班组所有成员现都已能够独立承担辖区内的采集运维工作。

2016年，公司供电辖区用电户数大幅增长，但公司营销抄催用工人数首次实现了零增长。通过开展抄表采集业务融合和采集运维转岗培训，不仅提高了抄表催费质量，降低了营销服务风险，压降了生产管理成本，同时也为促进内部人员流动和提高劳动用工效率提供了坚强有力的支撑！

单　　位：国网重庆市电力公司市区供电分公司

撰写人：刘林生、黄　彤、柏　薇

立足内部挖掘潜力 动态优化人员配置

2016年3月，在国网江苏省电力公司20楼会议室，人力资源部就"深化内部市场建设，优化人员配置"展开了激烈的讨论。"当前，在用工配置分析方面，我们主要盘点人员数量情况，很少考虑工作量和员工质量对用工配置的影响，我觉得这是我们今后需要努力的方向。"陈主任经过沉思之后，首先提出了自己的想法，"以前，我在班组工作的时候，班组成员之间的素质能力差异很大，单纯地从用工数量来分析配置合不合理，我觉得不够精确，应该把员工素质也就是质量考虑进来，我个人觉得要从'知人''知岗''匹配'三个方面依次着手。""定员是从运维设备量角度出发，计算你应该配多少人；定额是从工作量角度出发，计算你应该配多少人，我觉得从定额来分析，更贴近于班组实际，可以尝试从这个角度来分析。"如何精准实施内部人力资源配置，深入推进公司内部人力资源市场建设，国网江苏电力内部人力资源市场建设工作一度陷入瓶颈，直到这次会议，大家的"头脑风暴"让推进工作的思路变得豁然开朗。

以工作量为标准，评估班组承载力

"班组作为电网企业最小的组织单元，其人力资源配置效率的高低，是人力资源精益化管理的重点。"在部门工作会议中，检修分公司人力资源部主任李响多次强调。"我们对2015年6月～2016年6月的工作总量进行了统计分析，发现我们班组工作承载力随时间分布的规律较为明显，3～6月、9～11月的工作任务较为繁重，承载力水平相对较高。"无锡运维分部电气试验二班班长吴长福拿着数据分析道。

省检修分公司作为承载力分析工作的试点单位，通过量化变电检修、电气试验、二次系统检修、输电运检等150余个班组的工作量，分析各班组的工作时间和工作次数，评估班组保持健康持续发展所能承受的最大工作荷载与承担的实际工作量之间的关系，针对性地开展人员优化措施，实现承载力低的班组"加压"，承载力高的班组"减压"。

"我们班组今年负责特高压东吴站的电气试验工作，从4月起，工作量相较平时增加了五成，班组每个人的工作压力和工作强度非常大，公司人资部通过开展承载力分析，将我们电气试验一班和二班临时进行整合，保证了工作开展所必需的人力资源配置。"电气试验一班班长陈功对此感触颇深。

"对承载力高、人员紧缺的班组，实施用工倾斜政策，优先补员。同时，对部分非核心业务、常规业务实行外包。对承载力较低、人员超编的班组，严控员工入口，鼓励超编人员向紧缺班组流动，对机构设置不合理的部分专业班组，要通过整合归并优化班组机构设置。在同一分部或同一工区，班组承载力有较大差异的，要采取超编人员向紧缺班组流动、调整运维区域、跨区域运维等解决措施。"结合班组承载力分析，省检修分公司在优化人员配置工作上打出了一系列组合拳。

以数量为基准，构建用工超缺员图谱

"根据最新的用工配置情况，娄庄、兴泰等业务所的配置率相对较低，我建议将他们的缺员岗位公示出来，面向临近的超员业务所开展公开招聘。""可以！有了看板数据的合理引导，我们开展业务所人员优化的工作也顺利了许多。"2016年10月，在第三季度人力资源用工配置电子看板数据公示后，国网泰州供电公司人力资源部副主任刘东亮跟员工管理专职李红商量着。

为全面掌握人力资源配置实际情况，国网江苏电力在充分应用承载力分析结果后，从单位、专业等维度全面开展用工配置情况统计，细化分析11大专业、1062个业务所、1256个班组的人员配置率，构建清晰、合理、准确的人力资源配置"一本账"，形成各单位、各专业人力资源超缺员图谱，让各单位清晰地认识到用工配置存在的问题，有效解决盘活存量时遇到的"哪里需要优化、需要优化多少人"

的问题。

此外，按照"树立先进、激励后进"的原则，国网江苏电力上线内部人力资源市场用工配置电子看板，通过按季度公示各单位全民、农电用工配置情况，对单位间用工配置进行横向对比，对单位内部用工配置进行纵向比对。

"同时，在公示用工配置数据的基础上，我们通过加大薪酬激励、优化补员政策等措施，提低控高，逐步均衡各单位用工配置。"刘东亮介绍说，"例如，我们在农电业务所试点开展团队绩效工资制，强化薪酬分配向用人少、业绩好的业务所倾斜，体现缺员业务所员工的劳动价值，引导超员所人员向缺员所正向合理流动。"

以质量为核心，开展用工优化配置

2016 年 7 月，国网无锡供电公司变电运维室 12 名班组青年骨干人员参加了班组长后备评选的情景模拟项目，标志着该公司人岗匹配试点工作由此拉开帷幕。

国网无锡供电公司选取班组长岗位作为研究对象，依托变电运维室为试点单位，深化能力模型构建、人才素质评价与结果应用转化各项举措，实现岗位要求与人员质量的匹配。黄泥操作班的龚晓林平时给人的印象只是踏实肯干，在情景模拟测评中，他充分展示出自己在组织协调、分析表达等方面的潜能，令人刮目相看。当他拿到个人测评报告，看到个人素质能力雷达图及发展建议后，他深有感触地说："第一次经历这种测评方式，让我对自己有了更全面的认识，也使我能够进一步明确个人发展提升目标。"人力资源部主任龚逊东介绍："对于这些潜在的班组长人才，测评会成为他们职业生涯的又一个起点。"

"从重要程度及行为频率来讲，我们仅选取那些对岗位胜任标准具有关键解释权的能力因子，并且在整理、归类能力项时，使班组长的能力模型能够符合经典的'冰山模型'结构。"龚逊东介绍。经过几轮集体讨论，最终形成由显性能力素质和隐性能力素质两大模块，显知显技、通用能力、专业能力、职业素养四个维度，总计 27 个能力项组成的班组长素质能力模型架构。

为客观、全面地评价每位测评对象在各能力项上的表现，国网无锡供电公司根据班组长能力模型，结合各测评工具的适用范围及特点，有选择性地进行组合，形成了班组长素质能力测评矩阵。同时，专家团队从变电运维专业工作实际出发，广泛收集各类现场实际案例，将专业工作特点融入测评题库中，定制开发了无领导小组讨论、班组会、问题解决三类情景模拟题，使测评更加接地气。国网江苏电力员工处处长祝和明充分肯定了试点成果，对人岗匹配工作的前景充满了期望："基于人岗匹配机制的岗位招聘充分展现了每位员工的个性特征，有利于组织挖掘人才，将最好的资源放到相应岗位上，更有利于发现每位选手的优点与不足，从而实施定制化培养，我们应该总结经验，在公司范围内进行全面推广。"

国网江苏电力不断开拓创新，牢固树立人本意识、全员人力资源意识，以"控总量、降人耗"为原则，充分挖掘内部人力资源潜力，促进公司人员的有序合理流动，逐步均衡内部人力资源配置，有效缓解长期存在的结构性缺员问题，为江苏电网的健康稳定发展奠定坚强的人力资源保障。

单　位：国网江苏省电力公司
撰写人：查显光、缪晓刚

培养复合型人才　吸引员工扎根基层

　　周晓燕作为国网湖北省电力公司长阳县供电公司榔坪供电所员工，经过基层站所关心关怀和跟踪培养，扎根基层供电所；王才永作为国网宜昌供电公司检修分公司一线员工，通过师带徒培养，克服走出校门的迷茫，找准定位，成长为一名技术能手；李黄强是国网宜昌供电公司第一个电专业的博士，单位为其量身打造职业培养规划，发挥其高学历的优势，以工作室为载体，带动一大批青年员工共同成长。不同类型复合型人才的培养，提升了员工岗位能力素质，吸引员工扎根基层。

关心关爱基层员工，培养供电所后备人才

　　国网湖北电力针对艰苦边远地区基层站所缺员、人员年龄老化和管理相对滞后等问题，连续四年开展了供电所专项补员。为建设一支适应新时期电网发展的高素质供电所员工队伍，越来越多的高校毕业生被充实到基层站所，为基层站所带来了生机和活力。如何让这群天之骄子施展才华、扎根基层、服务基层，成为公司面临的一个紧迫问题。

　　长阳土家族自治县是国家三县一区重点贫困县（长阳、秭归、巴东和神农架），周晓燕就是2014年分配到国网长阳县供电公司基层站所的一员。她从小生活在城市，对工作岗位充满美好憧憬，然而理想与现实的落差让她感到十分委屈、孤独，强烈的失落感甚至让她产生了离职的想法。

　　所长左盾感知到周晓燕情绪低落，开始思考如何解决她的内心问题，让这个家在外地的女孩尽快适应环境并找到归属感成为当务之急。所长发动全所职工，迅速

解决并尽可能地改善了周晓燕的住宿问题，让她无后顾之忧。所内其他同事更是经常对她嘘寒问暖，让她深切体会到了站所大家庭的温暖与关怀。所长多次与周晓燕谈心，听取她的心声，解答她的疑问，并告诉她，供电所是电网企业与群众接触最广泛、最密切的纽带和桥梁，是服务千家万户的"神经末梢"，每一位供电所员工都是公司做好各项农电工作的重要依托、主导力量。供电所里大学生少，为了让她尽快熟悉供电所日常工作，所长为她安排了为期一年的轮岗，并积极创造条件让她在工作中充分展示自己，有外出培训学习、交流的机会也总是优先考虑她。短短两年时间里，周晓燕不仅适应了供电所艰苦的工作生活环境，更充分发挥专业所长，为改善供电所营业环境，提高服务水平，推动电力服务网格化，打造"最美供电所"默默贡献着自己的青春。

如今，周晓燕对供电所工作有了全新的感受：在这里，每当曙光初现，就会听见师傅们在院子里装卸材料、领表，准备到各自管理的台区更换智能电能表，准备一天的工作。他们挥汗如雨，在各自的岗位上辛勤工作。从师傅们身上，她感受到了电网人默默无闻、无私奉献的敬业精神，跟这样一群可爱、朴实的人在一起工作是一种幸福。在这里，每当行走在田间地头，看到农民朋友们亲切的笑脸、丰收的喜悦，回想自己也为这丰收贡献了力量，也是一种幸福。在这里，每当夜幕降临，遥看遍布在田野村庄的万家灯火，感慨自己为守护这光明付出的一切都很值得，更是一种幸福。

针对核心业务，着力培养专家型人才

进入企业看文凭，工作之中看能力，能力是支撑职业发展的核心。如何让新员工快速适应新的环境，迅速转变角色，顺利度过人生的"断奶期"；如何实施人才强企，弘扬"工匠"精神，培养打造一批技术高超、技能精湛的高技能人才，带动提升员工队伍整体素质，把员工个人素质、职业发展和企业需求、岗位要求有效结合，拓宽员工价值实现平台，促进员工与企业共荣发展，是当前实施"人才引领"的一项重要课题。

王才永，2012年被分配到国网宜昌供电公司检修分公司配电运检一室，工作满5年。刚入职时，王才永带着理论知识与实际工作的落差感，对自己未来发展方向感到茫然，着实让他无所适从了一段时间。

像王才永这样理论水平较高、成绩很好，但动手能力、实践能力相对不足的新员工不在少数。为了让他清晰认识自我，明确未来发展方向，使他立足岗位成长成才，公司为他挑选了一位经验丰富、专业能力强的专家贺长武做他的师傅。在签订师带徒协议之后，从传授业务技能，传授工作作风，到如何关心关爱徒弟，初步规划职业生涯，师徒两人进行了一次深入的交谈。结为师徒的一年多时间里，在师傅的引领和指导下，王才永从基础的巡线开始，到熟悉线路设备、找出缺陷隐患、分析判断、维护检修、质量验收等，很快融入团队并掌握了岗位必备技能。工作之余他主动关注配电领域的最新动态和前沿知识技术，积极同师傅、同事们学习交流，节假日自觉加班加点，毫无怨言，并在见习期结束后通过岗位竞聘，班组和职工双向选择的方式，找到了适合自己的岗位。

如今的王才永已经成长为一线岗位的技术能手和业务骨干，成为众多青年员工的榜样。工作中的他，对自己所在的领域有较为全面的理解和独到的见解，能在工作中提供专业的意见并解决在工作中遇到的专业问题。2014 年他代表国网宜昌供电公司参加省公司电缆高技能比武，获得团队项目冠军、个人三等奖的好成绩。他通过实践学习行业内配电自动化建设经验，编写《关于进一步加强配网项目管理工作制度》，有效推进了网改工程建设。他告诉我们："刚入职时很多新员工和我一样存在一个误区，总以为大学毕业就是学习的终结。我们在大学读了很多书，学了很多知识，但是与实践相比，有的东西已经过时了，有的正在过时。踏上工作岗位是新学习的开始，理论联系实际也是需要经历一段很长且困难重重的过程，很容易让人失去信心、迷失方向。幸运的是，这个过程有师傅答疑解惑、指点迷津、'授之以渔'，我才能迅速融入团队，尽快成长起来。"在同事的帮助关心下，王才永从一个手足无措的"菜鸟新人"变成一位骄傲的"配电铁军"。

以专家工作室为载体，搭建高端人才平台

为加大公司科技人才培养力度，建立具有较强科技创新能力的人才培养创新平台，发现并带动一批高水平、领军型青年人才，国网湖北电力积极营造"让想干事的人有机会，让能干事的人有平台，让干成事的人有地位"的良好环境，促进各类优秀人才脱颖而出。

李黄强，2010年招聘到国网宜昌供电公司，作为宜昌公司第一个电博士，他从一开始就承载了太多的关注和压力。第一位博士的到来，让人资部主任冯安平着实激动了一番。为了避免高端人才流失，吸引挽留他，让他学有所长、学有所用，冯主任把李黄强作为自己亲自跟踪培养的对象，制订了专项培养计划，并专门为他开了绿灯：不安排固定工作岗位，轮流到核心专业检修、试验、调度实岗锻炼；不限时间，熟悉一个专业就去另外一个专业工作。冯主任还为李黄强量身打造了"依托科研项目培养具有较强科技创新能力的高水平领军型人才"的培养计划，在李黄强的努力和公司的大力推动下，湖北省首个电网科技创新工作室"黄强电网工作室"以他的名字挂牌成立，从制定方案、选拔人员标准、管理办法、选攻坚课题，到工作环境、试验经费等，给予了李黄强足够的空间和最大限度的支持，极大调动了他的积极性。

　　工作室初成立就吸引了公司调度、输电、检修、继电保护、变电运维等专业的年轻人参加，这是一支充满活力、开拓进取、高技能、高素质的青年队伍。作为负责人，李黄强勇挑重担，认真履责，发挥工作室成员都是高学历、高素质基层技术人员的优势，带领他们将理论知识与实际工作有机结合，充分将"高学历"转化为"高生产力"，着力解决生产实践中的重点难点问题，为公司的发展提供有力的科技力量支持。

　　目前，工作室已在湖北省内率先开展10余项地市以上科研项目，收益显著、成果丰硕。通过对新技术、新方案、新设备的学习研究，发明专利十余项。同时，在国家级期刊发表文章20余篇，其中多篇论文在公司得到较好推广和应用，提高了公司生产效率。工作室也逐渐成为国网宜昌供电公司的技术权威中心。

　　在人才培养方面，工作室作为青年员工成才的摇篮，为公司技术人才储备做出了贡献。李黄强本人现在已经成为国网宜昌供电公司中层干部，工作室成员获得国家电网公司通信专业专家人才、省公司专家人才后备、宜昌公司技术专家、国家电网公司兼职培训师、省公司十佳班组长、省公司劳动模范等多项称号。

　　单　位：国网湖北省电力公司
　　撰写人：吴贵军、武　斌、杜　宾、戢成臣

实践案例

深化人文关怀理念　助力内部市场运营

沉　思

2015 年一个寒冬的晚上，国网天津市电力公司人力资源部的办公室还亮着灯，薛主任眺望着灯光璀璨的海河美景，陷入了沉思。在白天的务虚会上，公司提出："近年来，公司持续深化'两个转变'，推动卓越运营，努力争当两个排头兵，迈入国家电网公司先进单位行列，公司良好的发展态势，迫切需要有一支充满活力、富有创新能力和争先意识的员工队伍，2016 年要深入推进 EAP（员工帮助计划）管理融合，以激励和关怀为导向，进一步激活内部市场，激发员工士气，为公司发展提供可靠的人力资源支撑。"

以激励和关怀为导向的内部市场该如何构建呢？如何与公司推进的 EAP 深度融合？薛主任思考良久，一时也没有想清楚实现的路径。他随手翻看了培训处提交的 EAP 实施成效基层座谈会记录，其中，两个人的发言引起了他的注意。

张津，国网天津市电力公司城东供电分公司员工，电力系统及其自动化专业毕业，入职两年，一直从事电力营销专业工作，工作业绩表现良好，踏实肯干，富有创新意识，但本人对继电保护等运行专业更感兴趣，觉得该专业方向更适合自己，更有利于将来的职业发展，对没有职业选择机会有些迷茫和失望。

王丽，国网天津市电力公司宝坻供电分公司员工，参加工作 13 年，8 年前到发展部规划管理岗位工作，省公司级专家，参与完成公司多项重点项目。但由于她的丈夫在国网天津城南供电公司工作，宝坻距离市区较远，工作繁忙时一周甚至两周才能见一次面，两地分居造成夫妻间很多矛盾，同时，自己从事规划管理岗位 8 年，每天都是老一套，没有新鲜感，明显出现了职业倦怠，心中存在着对家庭和谐、个人发展的隐忧。

其实员工提出的愿望并没有什么过错，薛主任想，当前，公司内部市场更侧重于满足专业发展的需求，有时忽视了员工关爱和员工成长导向，确实需要对内部市场的实施策略做进一步的分析和探索研究了。

萌 动

"关爱员工、助力成长"，在人力资源部周碰头会上，薛主任向其他主任提出了优化内部市场建设的总体方向，以及开展课题研究的想法，得到了大家的共识和认同。会后，员工处牵头，有关专业处室和基层单位专责参加，成立了"建立以激励和关怀为导向的内部市场运营规则"课题研究小组，并召开了前期准备会，课题组成员各自带着任务调查研究、分析思考。

一个月后，课题组召开了第二次讨论会议，针对"如何发挥内部市场的员工关爱和员工成长导向"进行头脑风暴，集思广益，各抒己见。会议讨论非常热烈："要将工作年限作为人员流动的条件，增加员工专业视野，避免职业倦怠，特别是年轻人。""要通过内部市场，给两地分居、照顾父母等情况的员工提供调整的途径。""要开展人岗匹配度分析，对绩效不高、员工特质不符等不匹配的人员适度进行岗位变化。""要加强包括薪酬在内的多维度激励，融入公司 EAP 工作，增强人员流动的动力。""得创造公开、公平的环境，在内部市场运营的整个流程，都能体现对人员流动的鼓励和支持。"……

随着讨论的深入，实现对员工激励和关怀的路径慢慢清晰，要强化人才培养、均衡配置、人岗匹配三类驱动需求，要依托 EAP 关爱服务平台，更好地发挥内部市场资源配置及人才培养的功能……

经过几轮的讨论，课题组终于完成了课题研究成果，并通过了公司各级领导审核，寒冷的冬天孕育着春天的萌动。

活 水

2016 年 4 月，国网天津电力首次统筹开展跨单位缺员岗位和入职两年优秀毕业生跨单位岗位竞聘，通过内部市场信息平台及协同办公平台公开发布招聘公告。

一时间，内部市场成为员工们热议讨论的焦点。

王丽在看到招聘公告后，纠结了很久。一方面她特别想竞聘经研院规划设计岗位，不但是对自身专业发展的提升，更重要的是解决了夫妻两地分居的问题；可另一方面，面对新的单位、新的岗位，她不确定自己是否真的能够胜任，作为本单位的专业能手，面对新的挑战，角色的转换，位置的变化，这些因素使她内心非常困惑。当晚，她拨打了EAP关爱服务平台咨询电话，通过与EAP专员的沟通，她缓解了一部分压力困扰，EAP专员鼓励她增强自信心，培养积极心态，勇敢面对机遇与挑战。

招聘公告发布的第二天，王丽接到了国网宝坻供电公司人力资源部的电话，由于她在同一工作岗位连续工作满8年，且获得省公司专家称号，符合交流条件，鼓励她参加岗位竞聘。王丽很开心能得到组织上的认可，同时，也将自己的担心反映给了人力资源部。

国网宝坻供电公司人力资源部在了解了王丽的担忧后，与经研院人力资源部进行了沟通，当天就将沟通的结果反馈给了王丽。据了解，经研院针对新上岗人员将组织专业培训，并且，将来会结合岗位核心能力需求，开展创新研发、课题研究、教学带徒和专项工作等多种方式培养锻炼，以加速新到岗人员快速适应新工作。王丽在获悉这些信息之后，心里的一颗石头终于落地了。

5月初，在经历了笔试、面试、审核等环节后，公司发布了招聘岗位人选，跨单位招聘工作顺利结束了。这次跨单位招聘范围涵盖了本部、供电单位及支撑机构，共涉及40余个缺员岗位及30余名优秀新员工，报名人数达到500多人。张津、王丽等一批优秀的员工应聘到心仪的岗位，一方面，岗得其人，提升了人力资源配置效率和质量，优化了人力资源结构；另一方面，切实激发了员工的活力，给予他们更大的发展机会和空间，更好地发挥了市场的激励和培养功能，实现了员工综合能力及企业管理效能的双提升。内部市场的一席静水搅活了。

国网天津电力以提高人力资本效率效益为中心，立足企业和员工共同成长，基于人文关怀理念，开展了课题研究，建立以激励关怀为导向的"311"（3类驱动需求、1种人岗匹配评测方法、1个EAP关爱服务平台）内部市场运营体系，有力支撑了公司卓越运营，推动各类人才快速成长。

单　位：国网天津市电力公司

撰写人：代俊廷、于延华

推动轮岗锻炼　助力员工成长

　　"离市区近的变电站大家都想去，离市区远的站很多人就不太愿意去，我们工作很难安排啊！"国网福建省电力有限公司福州、厦门两个运维分部的负责人不止一次地向人力资源部周主任提出工作中的困扰。的确，作为承担全省骨干电网运维检修的企业，国网福建检修公司运维驻点地区跨度大，路程距离差异大，运维人员分布较为分散，人员配置、流动难度大，如何盘活现有运维人力资源，是周主任和他的人资团队一直在致力解决的问题。

轮岗锻炼，破解运维人员流动难题

　　2013年，国网福建电力实施了500千伏变电站无人值守运维模式改革，推行运维驻点模式，在福州分部设置了4个运维驻点站，分布于闽东、闽北地区，在厦门分部设置了3个运维驻点站，分布于闽南、闽西地区，负责管理全省500千伏变电站。

　　针对新的运维模式，周主任从一开始就关注到运维人员的工作状态和运维分部的人员配置情况。几个月后，人力资源部组织两个运维分部的主任、部分班组长和运维人员召开运维人员管理专题讨论会议。果然，会议上有了更多来自基层一线的声音。

　　"我们运维人员主要生活在福州或者厦门两个市区，而不少驻点变电站都比较偏远，不同驻点与生活区之间距离也相差比较大，最近的可能只要20分钟车程，最远的估计得3小时左右车程才能到，这样大家肯定都想留在离自己生活区近的驻点站啊！"福州分部的卓班长说。

"我从事运维工作已经10多年了，运维经验也算比较丰富，这两年才刚刚有了孩子，虽然去南平驻点可以晋升岗位，但我目前也仍想留在福州驻点保持原岗位，因为去了也不知道什么时候可以再回到福州驻点，对这几年的家庭生活影响会比较大。"福州驻点站的小高说出了心里的隐忧。

"我们站里也有员工觉得被安排在偏远站是被边缘化，对新技术、新知识的学习更新存在一定程度的落后，心理上也存在一些落差。"南平驻点站的班长道出了部分运维人员的苦恼。

"其实我也发现在各运维驻点工作的员工的确有着不同程度的心理落差和思想动态，我作为主任，也没办法考虑到所有人，再加上女员工孕产假，本来就人手紧张，有时候缺人，从别的站很难挖人过来补充。"厦门分部主任说。

"不同变电站接线方式不同，运维内容也有所差异，我们一直在强调运维培训，但是在不同变电站直接工作才是最有效果的培训方式，但是目前这种状况，一些人一直在同一驻点站，运维站点的接线方式相似，技术上学习空间不大，特别对新人的培养是远远不够的。"福州分部主任也发表了自己的看法。

这样看来，运维人员的内部流动、员工配置着实让人很伤脑筋，对员工成长成才通道造成一定影响，也不利于不同驻点之间的学习交流和提升。

人力资源部会后随即开展了运维人力资源分析，并综合考虑两个分部实际情况，向公司提出了运维人员轮岗运作的思路："如果实施运维人员轮岗运作，就能打破僵局，淡化艰苦边远的班站概念，促进员工流动，打通成长通道。"

涉及具体的实施，人力资源部再次与两个运维分部进行细致的探讨：轮岗工作并不仅仅是调动人手那么简单；不同的变电站有不同的接线方式、运行规程、运维注意事项，都需要相关的技术交底，要重新学习，还要人员交接；熟悉一个新站需要一定的时间积累，轮岗周期设置应该考虑这个学习的时间。一时间，运维轮岗如何实施又成了讨论的焦点。

通过几次与基层人员面对面交流，人力资源部终于编制出了《500千伏变电运维人员轮换交流管理办法》，并通过了公司各级领导的审核，还通过制度解读和沟通释疑，争取了基层班组更多的理解与支持，运维人员流动开始有了活水源头。

把握原则，实施轮岗锻炼机制

针对员工关注的焦点问题，国网福建电力综合考虑了运维工作内容、学习周期、人员交接、生产安全等因素，根据不同运维岗位层级的业务特点，对轮岗周期和规则作了不同设置，确立了"轮值人员每次变动人数，不超过每值人数的三分之一"的基本原则，明确了"班长两年一轮岗，副班长、技术员、安全员一年一轮岗，普通班员一年半一轮岗"的基本时序，确保轮岗人员衔接有序。同时，还根据两个分部所辖业务范围及人员配置的实际情况，对含有4个驻点站的福州分部采取站际交叉分组轮岗模式，对含有3个驻点站的厦门分部采用站际循环轮岗模式，使轮岗工作真正得以落地。

为了使员工能够更安心轮岗，国网福建电力还针对已婚员工长期居住地、女员工孕期或哺乳期间等特殊情况制定了相应的轮岗规定，使得此前存在的部分偏远站点孕产假及长病假人员离岗后不易替补的现象也得到了有效解决，实现了人手实时调配，直接顶岗。

2014年10月，第一期变电运维人员轮岗锻炼顺利启动，分部人员轮岗顺序、名单确定、技术交底及培训等工作有序实施。随后，每隔半年，各运维分部便发布运维人员名单公示，并做好相关工作。目前，现有运维人员164名（不含2016年新入职员工），已顺利开展了六期轮岗123人次，占比达75%，形成了运维人员轮岗锻炼的常态机制。

员工成长，开阔视野提升素质

实施运维轮岗制度以来，现驻福州运维班的小吴最大的感觉就是视野开阔了不少。轮岗实施前，她一直待在南平运维班这个"小天地"，面对陈田、三阳两个500千伏变电站的运维，而这两站设备较为相似，运规也相差不大。

"今年轮岗到福州运维班，不但接触学习了福州变电站这样老站的不同设备，水口变电站这样升压站的特殊设备和接线方式，还对笔里变电站这样的智能变电站有了亲密接触，真是收获不少。而且接触了很多不同的接线方式、不同的设备配置、不同运维驻点站的管理风格，对运维工作又有了新的体会，视野更加开阔了，考虑问题也更加成熟了。"这些收获，让工作了四年的小吴既兴奋又特别珍惜，而且今年她还因此获得了岗位的晋升。在她看来，多接触几个值班长、老师傅，不仅在做事上受益匪浅，在做人上也有一番收获。

当然轮岗的队伍里不光有小吴这样的年轻一辈，也有在变电运维岗位上工作了数十年的老师傅，比如已是运维骨干的林副班长。对于轮岗锻炼他也深有体会："现在电网技术发展很快，总待在一个地方，很难有所成长，多到别的变电站走走看看学学，收获还是很大的。特别是在一个站，容易遇到瓶颈，有些疑惑在新的站里也许就豁然开朗了。"

不仅如此，在制定《班组长动态管理办法》时，在班组长储备库人才选拔的条款中，还特别针对运维班组长序列的岗位，对参与过运维轮岗人员的经历业绩设置了加分评价项，为员工成长拓宽通道。

据了解，2016 年以来，两个分部内部运维人员岗位晋升达 69 人，占运维人员（不含 2016 年新入职员工）比例达 43%，较以前有了大幅提升。"人员流动起来了，人力资源盘活了，岗位晋升、员工通道也自然就有了活源头。"人力资源部周主任这样总结。

评估优化，不断提升轮岗质效

为进一步评估和优化轮岗机制，2016 年底，国网福建电力积极主动听取基层声音，多次组织运维轮岗工作优化改进讨论，并结合基层班组意见建议修订发布了新的轮岗管理办法，对轮岗周期和轮岗人数进行调整改进，将每期每班运维人员变动人数由三分之一调整为六分之一，从而更有利于变电运维班组人员管理，促进运维新人的培养锻炼，确保生产任务的安全平稳过渡。同时，针对员工在省内长期居住地的特殊情况作了区分规定，使得运维轮岗工作更加有效顺畅。

实施轮岗锻炼这一举措，在盘活人力资源、满足电网运维需要的同时，也增强了班站间的学习交流，取得了良好的管理成效，更为员工提供了一个良好的成长成才平台、一个干事创业的平台，国网福建电力也将继续加强职能与生产部门的协调配合、跟踪反馈，进一步做好动态评估，优化轮岗机制，切实提升人力资源效率。

单　位：国网福建省电力有限公司检修分公司
撰写人：周　樟、陈凤云、刘光宇

实施关键岗位交流轮岗　保障公司持续健康发展

难　题

公司不同业务的发展历程不同，人才分布不均衡，存在结构性缺员以及个别人员能力素质与业务发展要求不相适的情况，如何有效促进人员优化配置？

招标采购业务社会关注度高、廉政风险较大，具有"敏感"体质特点，容易引起各方关注，如何有效加强关键岗位员工廉政风险防控？

部分员工长期在一个部门或岗位工作，固然有利于工作经验的积累，但一方面容易形成思维定式，习惯于用老办法处理新情况；另一方面，个人工作经历单一，视野狭窄，热情衰退，如何有效激励此类员工？

近年入职的员工比重较大，如何加强新员工的培养？

……

2012年2月，国网物资有限公司在整合另外两家直属单位原有物资业务基础上组建成立，是国家电网公司总部集中招标代理平台和重大工程物资供应服务的专业机构。以上是公司成立后面临的现实性难题，而关键岗位人员交流轮岗，正是国网物资公司应对难题的破解之策。

破　题

经过深入调研，国网物资公司着手推进交流轮岗工作，并制定了关键岗位人员交流轮岗管理制度，延伸交流轮岗内涵，明确交流轮岗形式，构建"以人为本、集中管控、分级实施、逐级负责"的管理模式。一是明确岗位年限。按照对公司及相关方利益所产生的作用和影响程度、工作风险等级高低，梳理一类、二类关键岗位124个，明确最低交流轮岗年限（见表4-4），以及其他需进行交流轮岗的情形，规定从关键岗位交流轮岗后2年内原则上不得再回原岗位任职。二是强化计划管控。于每年年初制订关键岗位交流轮岗计划，年中根据实际情况优化调整，年末开展执行情况督查，实现交流轮岗闭环管理。三是分级分类实施。跨部门（所属公司）交流由公司统一负责组织实施，跨内设机构交流、分管业务及工作内容调换（即轮岗）由相关部门（所属公司）依计划自行组织实施，充分发挥各级组织的管理主体作用。四是健全保障措施。强化内训机制和"导师制"建设，健全工作交接

表4-4　　　　　　　　　　　　关键岗位交流轮岗最低年限表

单位类型	关键岗位分类	岗位名称	轮岗年限（≤）	交流年限（累计≤）
公司本部	一类关键岗位	职能部门正副职、其他业务部门（支撑部门）正职及内机构正职	—	5
		其他业务部门（支撑部门）副职、内设机构副职及其他	2或3	5
		招标采购部门（含相关）正职及内设机构正职	—	3
		招标采购部门（含相关）副职及内设机构副职	2	4
		职能部门其他	3或5	
		招标采购管理	1或2	4
		招标采购相关	1	5
	二类关键岗位	职能部门正副职、业务部门正职及内设机构正职	—	6
		业务部门副职及内设机构副职	3	6
		职能部门其他	6	
		业务部门其他	2或3	6
所属公司	一类关键岗位	所属公司正职	—	5
		所属公司内设机构正副职	3或5	
		所属公司招标采购管理、拍卖业务管理	2	4
		其他	3	
	二类关键岗位	所属公司副职	—	6
		所属公司内设机构正副职及其他	6	

机制。把交流轮岗与干部选任、人才培养、员工奖惩等挂钩，将交流轮岗作为干部选任的重要参考，在公司各类人才选拔中引入岗位经历加分体系，增强交流轮岗动力和活力。

打破关键岗位交流轮岗横纵向"壁垒"，理顺形式、拓展范围。一是推进横向交流。在本部职能部门之间、职能部门与业务部门之间、业务部门之间的关键岗位进行交流，提升员工的全局意识、协同意识，促进物资业务全流程管理的横向协作以及各环节的深度融合。二是推进纵向交流。在本部处级干部和所属公司领导班子成员之间进行交流，选派本部骨干员工到所属公司内设机构任职，通过管理经验传承实现本部和所属公司管理同效。三是推进业务内容调换。将分管业务和工作内容调换纳入轮岗范畴，并依据明确的轮岗最低年限要求，有序开展部门（所属公司）副职、内设机构副职分管业务调换以及其他员工岗位调整、工作内容调换，实现员工在同一组织内不同专业上的协调发展。关键岗位交流轮岗形式如图 4-3 所示。

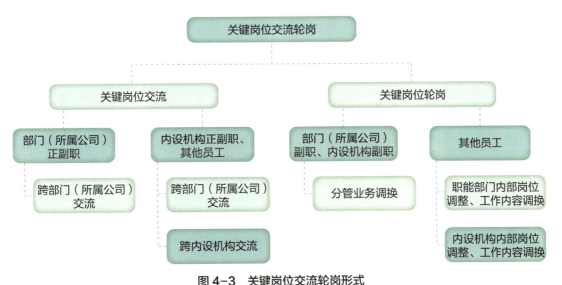

图 4-3　关键岗位交流轮岗形式

解　题

国网物资公司结合实际，分类推进、常态实施关键岗位交流轮岗。

实施"保护性"交流轮岗。廉洁从业风险高的关键岗位严格按照最低年限实行交流轮岗，并根据高风险业务特点研究建立更为细化的轮岗机制。招标部门建立招标文件编制、接收投标文件、评标支持和数据整理"四分离"机制，不同产品采购专责两批一轮岗，同一采购专责不得连续两次在同一评标支持岗位，有效避免了采购专责成为特定产品投标人公关的"焦点"，提高了抵御风险能力。

同时，通过实施"保护性"交流轮岗，将关键岗位人员从"关系网"的节点中解脱出来，避免其成为相关利益方的公关对象，帮助其营造安全健康的工作环境，不仅是对关键岗位人员的严格要求和关心爱护，也是有效防范廉政风险的重要措施。李某，处级干部，大学毕业进入公司一直从事招标采购工作近20年。通过交流轮岗，李某由原来的招标部门调整至其他业务部门，从廉洁从业风险较高的岗位，交流轮岗至廉洁从业风险相对较低的岗位。用其话说，就是公司帮其有效"脱敏"。

实施"培养性"交流轮岗。实践出真知，磨炼出英才。国网物资公司坚持把跨专业、跨岗位实践锻炼作为人才成长和能力提升的必要途径，作为人才选拔的重要参考。针对新员工，开展新员工轮岗实习，深入挖掘新员工专业特长、性格特点和发展潜力；实施新员工导师培养制，通过一对一"传、帮、带"培养，引导其健康快速成长。

针对有潜质的骨干员工，实施系统性、针对性培养，将其交流轮岗到急难险重任务、业务艰苦一线、困难压力大的工作岗位，发挥其有冲劲、有干劲、肯钻研的优势，也帮助其丰富阅历，增长才干，在磨炼中不断成长。佟某，参加工作十余年，综合素质较好，是国家电网公司级人才。国网物资公司成立后，佟某先后经历了招标部门、其他业务部门等多岗位的交流轮岗，颇有感触：当初突然离开熟悉的岗位，来到一个陌生的环境，心中的彷徨、压力不言而喻，但正是通过交流轮岗，进一步明确了国家电网公司物资集约化管理要求，对供应链协同的认识又有了提升，同时个人也开拓了思维，积累了经验。

实施"竞争性"交流轮岗。在岗位空缺且无合适人选的情况下，开展岗位竞聘，遴选合适的人到合适的岗位上工作，起到优化人力资源配置的作用，同时也有助于充分调动员工的积极性，为具备发展潜力的员工提供发展机会和空间。

正值特高压工程建设高峰期，国网物资公司缺乏特高压工程物资供应项目管理人员，物资供应部门开展了工程物资供应项目副经理岗位竞聘工作，既有效解决了工程项目管理类岗位缺员问题，又激发了年轻员工干事创业的热情。谢某，2012

年硕士毕业进入国网物资公司，工作认真敬业，长期工作在物资供应现场服务一线，积累了一定的管理工作经验。在此次公开的岗位竞聘中，经过方案阐述、面试提问、打分测评等多个环节考验，谢某成功竞聘为项目副经理。在年终座谈会上，谢某分享了自己的体会：竞聘上岗是一种学习，是经验的积累，也是提高自己、锻炼自己的一次机会，更是给自己的一个挑战，可以看到自己的不足和短处，让自己在以后的工作中及时补缺，也可以看到自己和别的优秀员工之间的差距，督促自己不断进步。

成　效

实施关键岗位交流轮岗，环境和岗位变化带来的压力促使员工调整精神状态、不断加强学习，重新激发工作活力；开阔员工视野和思路、丰富专业知识和实践经验，有助于打造一专多能的复合型人才，有效提高各专业间的人才互通能力。同时，员工队伍的个性结构、专业结构、能力结构和年龄结构等均可得到有效改善，人才分布趋于平均，人岗相适度显著提升，有力推动了人力资源的优化配置。

五年来，国网物资公司累计开展干部员工交流轮岗 700 余人次，现职处级干部交流轮岗比例达到 95.9%，关键岗位交流轮岗工作也从"柔性"走向"刚性"，从"零散"走向"系统"，构建了具有自身特色的内部市场机制，队伍能力素质和廉政风险防控能力也得到了有效提升，为公司安全持续健康发展提供了坚强的人才支撑。

单　位：国网物资有限公司

撰写人：裴　旭、郑　渊、肖　民

优化全口径用工配置　促进专业均衡发展

"正确的选择让我的人生从此与众不同。"微信群中国网山东省电力公司商河供电公司小周的一句话，让他的好友纷至沓来，刨根问底，探寻究竟。原来通过竞聘走上市公司运检专业管理岗位的他，终于找到了新的自我。

"精准发力内部市场建设，一直是我们想突破的工作重点，如何走活每颗子，下好这盘棋，更是我们2016年人资工作的重中之重。"国网山东省电力公司济南供电公司人力资源部薛主任的话落地有声。国网济南供电公司在市县员工优化配置对弈中抛出了"盘活之子"，以市县人员流动配置为主线，从优化人员结构、满足业务需求、规范用工管理入手，通过组合应用组织调配、上挂下派、公开竞聘、借调借用等多种方式，推进市县公司间员工队伍的纵深流动。全年161人次的员工有序流动，让他们找到了源头，引来了活水。

先创先试，优中选优

主业范围内市公司缺员、县公司超员一直是困扰国网济南供电公司人员配置的难题。市公司主业的专业管理人员频频告急，长期缺员已成为制约管理提升的瓶颈，而县公司则面临着主业超员配置问题，人岗匹配也亮起了"红灯"。于是通过"双竞"充实管理岗位、按照业务需求推进上挂下派等一系列措施办法相继出台，打破了地域疆界，实现了整合市县"一家亲"。

市公司明确的"同岗位、同工作、同考核、同成长"的四同管理模式，成为县公司员工关注的焦点和热点。经过笔试、面试、考查等多环节的公开竞聘，2016

年有 9 名县公司优秀员工经过自己努力，成功成为市县公司员工纵向跨层级均衡配置的"受益者"，他们既为市公司管理岗位带来了新机，也为自身的成长找到了新起点。

"上挂锻炼促提升，下派帮扶传经验"同样也让市县公司优秀员工找到了展现风采的新平台。注重多层次挂职培养，市公司精心选派 7 名专业素质强、业务水平高、发展潜力大的优秀员工到国家电网公司、省公司实践锻炼；注重业务集约融合，4 家县公司 7 名员工参加了省公司审计业务集约的人员选拔，国网济阳县、商河县供电公司的 3 名员工脱颖而出，走上了"上挂"的新岗位；注重帮扶提升，市公司检修、营销等 8 个专业 12 名同志走上县公司的重点岗位，在同业对标、业绩指标、管理基础、重点项目及班组建设方面，帮助县公司查短板、解难题、促提升。

孙鹏是国网济阳县供电公司 2015 年入职的大学生，学习了三年财务专业，现从事县公司财务管理工作，他就是一名"大审计"集约的亲历者和受益者。他说："经过人员集约化配置，我幸运地走进市公司审计部，在这里不仅更加深入地锻炼了专业工作能力，更让我亲身体验了市县公司集约管控、资源统筹和专业协同的巨大力量。""业务的上划集约，主动让市县人才迅速转起来，大家互通有无，取长补短，全面促进了市县间的专业技能不断融合，业务运转日趋顺畅。"国网济南供电公司审计部张主任表示。

抢抓机遇，拓宽渠道

张洪涛，一位山村小镇走出的农电工，如今已经成为供电服务公司的"明星"人物。现在的他，从市区路线、楼宇门牌到户表表号及运行状况，都能如数家珍，驾轻就熟，与年初相比，他判若两人。"能借用市公司供电服务公司，从事低压催费业务，我真太幸运了。"这句肺腑之言，代表了 66 名县公司农电用工的心声。

究其根源，国网济南供电公司以供电服务公司实体化运作为契机，根据市公司业务发展的需求，从 6 家县供电服务公司选派 60 名优秀农电用工借用到市供电服务公司工程技术部工程施工岗位、营业室和 3 个分中心催费岗位，借用期一年，期满后结合绩效考核情况和个人意愿，择优转签市供电服务公司，在配齐配强供电服务公司的同时满足了营销催费业务增长的需求，也为农电用工提供更多发展机会与成长空间，营造了三方受益，互惠共赢的人员流动配置良好氛围。

借势而为，充实力量

当前，规范集体企业用工，盘活存量提质增效的呼声日益高涨，国网济南供电公司借势而为，从"五个一"标准化抢修业务入手，通过业务整合委托至供电服务，推进集体企业"三定"管理，严格落实机构和人员优化配置方案，强化进口把控，促进良性流动，规范用工管理，为增强集体企业市场竞争力提供人力资源支撑。

压降低端业务用工。根据集体企业发展战略调整人员配置，坚持"人随业务走"，采取合同到期不再续签等方式，减少后勤物业、宾馆酒店、其他类集体企业聘用职工，并对相关业务进行委托。

为新业务充实力量。国网济南供电公司将配网"五个一"标准化抢修业务移交至市供电服务公司进行专业化管理。为此，上挂县公司集体企业1名员工从事配网"五个一"标准化抢修的总体协调与管理工作，借用县公司集体企业聘用员工满足"五个一"新增业务的需求，将聘用人员纳入专业化、规范化管理，全面提升外聘员工工作积极性。青年员工张一苇原来在工作中总是缩手缩脚，不敢接受技术含量高的任务，很想提升业务技能又苦于无处寻觅良机。自从加入市供电服务公司"五个一"抢修队伍后，每天跟着技术骨干学技能、跑现场，没出几个月俨然已经青出于蓝而胜于蓝。

"问渠哪得清如许，为有源头活水来。"国网济南供电公司通过拓展畅通市县公司间流动渠道（见图4-4），优化完善内部市场配置手段，市县公司间各层级人员已经有序流动起来，有效缓解了超缺员矛盾，各专业全面均衡发展，市公司主业人员配置率由70.5%提升至80.6%、县公司配置率由133.2%降至126.2%、县供电所超员率下降3.7个百分点，取得了初步成效，在内部市场建设、优化市县人员配置方面迈出了坚实的一步，公司形成上下齐心、合力共赢的内部市场建设新格局，为公司争当"四个先锋"，实现"四个最好"目标提供了坚强的人力保障。

单　位：国网山东省电力公司济南供电公司

撰写人：万　青、薛　涛、崔晓青

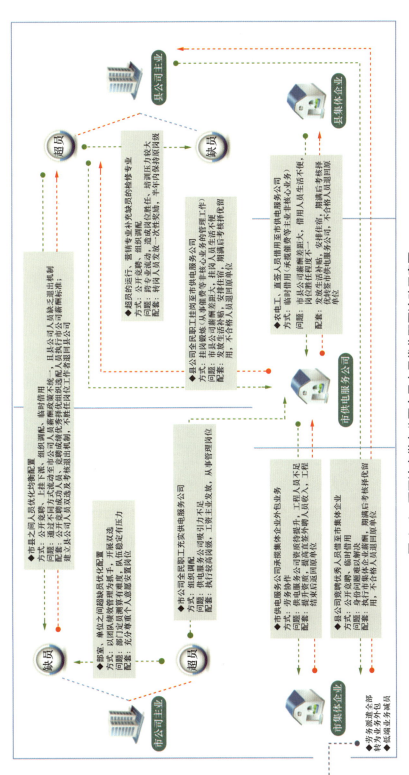

图 4-4　国网济南供电公司市县人员优化配置流动示意图

案例践与

149

后　记

　　配合公司内部市场通用制度应用，支持内部市场高效运行，编写一本集工作展示、知识解读、问答互动等为一体的知识读本，这一想法萌芽于内部市场制度修订之初。随着工作不断深入，特别是在反复研讨、全面征求意见的过程中，我们更加感受到这一工作的必要性。因此，将公司内部市场的建设历程进行总结梳理和经验提炼，对制度体系进行分析解读和解惑释疑，形成一本面向全体员工的《国家电网公司内部人力资源市场知识普及读本》，成为与制度修订、印发和宣贯培训同步开展的重要工作。目前，本书得以如期出版发行，能够承担这一光荣而重要的任务，我们在荣幸之余，也倍感压力和责任。

　　2017 年，公司内部市场进入常态运营阶段。在本书编制和出版的过程中，十项通用制度已正式印发并全面实施，公司组织各级单位开展了广泛的全员宣贯培训。广大干部员工通过学习培训提升了对内部市场的认识，并为内部市场管理建言献策，作为内部市场管理人员，我们感到激动和欣慰，因为公司系统各单位和广大员工作为市场主体的参与积极性，是市场高效运行和发挥作用的坚强基石。同时，大家提出的许多意见和建议，也让我们清醒地认识到，内部市场建设在成绩斐然的同时，还有很多需要完善提升之处和有待解决的问题困难，这也将成为我们砥砺奋进的动力。

　　内部人力资源市场通用制度顺利印发和《知识读本》的编写，离不开编委会成员的悉心指导。感谢国网天津、河北、山东、上海、江苏、安徽、福建、湖北、河南、江西、四川、重庆、吉林、陕西电力等 14 家省公司和国网信通产业集团选派优秀人员参与编写。感谢国家电网人资〔2015〕193 号文的全体编写人员：严光升、刘浩杰、任远、齐金昌、陈琦、冀强、郭岩、刘晔、刘炳焕、郭雨、徐磊、段可莹、祝和明、查显光、李晓、梁娟娟、严炼、陈昌强、武斌、胡玉振、邓江武、雷静、李高一、顾劲松、冯冰、房劲、赵东阳、赵娅婷、范继承、郭哲强、马玉鹏、刘彬、刘平震、李永丽、于昆、陶伶俐、马晶、耿帆。感谢公司办公厅（董事会办公室）刘楠、石健、叶鹏，研究室赵九斤、杨力俊，党组组织部（人事董事部）娄雪娟、李进、薛峰、蒋远馨，经济法律部田志平、高璐、周明华，人力资源部刘辉、霍爱敏，国网河南省电力公司李茂杰，国网东西人才帮扶办公室袁红专、张维平等，在制度内容修订、新增和工作协调方面做出了积极贡献。感谢所有提供案例的单位，国网北京、天津、河北、冀北、山东、上海、江苏、浙江、安徽、福建、湖北、四川、重庆、吉林、陕西电力和国网物资公司、许继集团所提供案例最终入选。感谢杨建东等一大批优秀的内部人力资源市场通用制度培训师，为制度全员培训宣贯做出了重要贡献。在此谨向所有关心和支持公司内部人力资源市场建设的人员表示衷心的感谢！

凡益之道，与时偕行，对内部市场的理论研究和实践探索是无止境的。我们也真诚地期待通过本书的出版发行，能够更广泛地听取大家的意见和建议，促进公司内部市场建设的持续深化，也为其他企业内部市场建设提供一定参考。

国家电网公司内部人力资源市场管理制度修订组

2017 年 10 月